LA ANTIGUA GRECIA

Miguel Ángel Saura

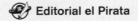 Editorial el Pirata

PUNTOS CLAVE DE LA HISTORIA DE LA ANTIGUA GRECIA

3400 a. C.
Nace la civilización
cretense o minoica

Siglos XVII - XI a. C.
Micenas y las
invasiones dorias

**Aproximadamente
siglo XIII a. C.**
Guerra de Troya

Siglos I a. C. - VI d. C.
Caída del helenismo

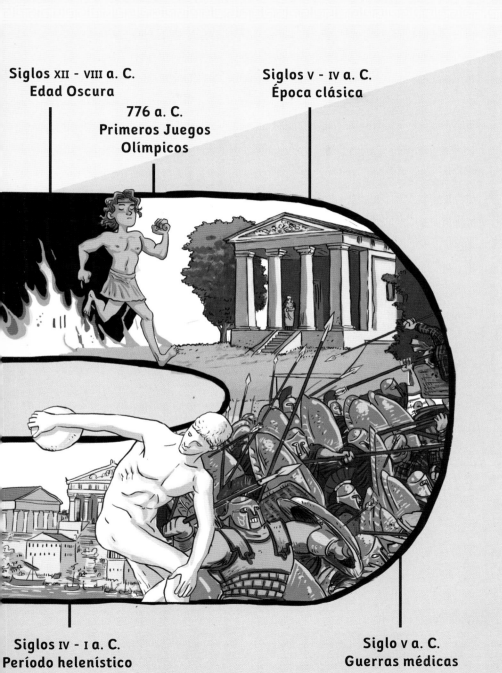

Siglos XII - VIII a. C.
Edad Oscura

776 a. C.
Primeros Juegos
Olímpicos

Siglos V - IV a. C.
Época clásica

Siglos IV - I a. C.
Período helenístico

Siglo V a. C.
Guerras médicas

ÍNDICE

QUIÉNES ERAN LOS GRIEGOS

La historia de los griegos empezó muy pronto. Nada más salir de la prehistoria, en la zona se desarrollaron grandes civilizaciones que conocían la escritura, creaban interesantes obras de arte y construían impresionantes palacios. Esas culturas desaparecieron, arrasadas por las invasiones, en lo que se conoce como **Edad Oscura**.

Tras esa etapa de guerras y destrucción, surgió la cultura griega. Fue la **época arcaica**, que acabó cuando los griegos derrotaron a los persas. Desde ese momento, comenzó la **época clásica**, en la que su civilización alcanzó su máximo esplendor. Esta era dorada de la cultura terminó con la invasión de Grecia por parte de los macedonios. El **período helenístico** fue el de la expansión de la cultura griega por Asia y finalizó con la conquista de Grecia y Macedonia por los romanos, con la que los griegos pasaron a ser súbditos del Imperio romano.

Grecia es un país **pequeño y montañoso**. Las escarpadas montañas y los empinados caminos hacían muy difícil la comunicación por tierra. Los griegos nunca se preocuparon de construir buenas carreteras, y las tierras fértiles de fácil cultivo eran algo raro. Por eso, desde el principio, las ciudades griegas dependieron del **comercio** para sobrevivir. El terreno montañoso aislaba a la población, por lo que, pese a pertenecer a un único pueblo, los griegos eran muy diferentes entre sí. Nunca pudieron ponerse de acuerdo para crear imperios tan grandes como el egipcio o el persa.

Por otra parte, la costa griega está salpicada de playas y puertos naturales. De hecho, casi todas las ciudades estaban cerca de la costa y tenían un puerto propio. Eso hizo de los griegos un pueblo muy vinculado al **mar**.

Los **mercaderes** griegos navegaban por todo el Mediterráneo en busca de compradores para sus ánforas de aceite y vino. Al volver de sus viajes, los barcos trajeron a sus ciudades la medicina egipcia, la ciencia persa y las técnicas de navegación fenicias, por poner solo algunos ejemplos.

Su civilización siempre estuvo abierta a las ideas nuevas y fueron capaces de llevar el arte, la cultura y la ciencia mucho más lejos que ningún otro pueblo de la Antigüedad.

MACEDONIA

MONTE OLIMPO

MAR EGEO

PERSIA

JONIA

TERMÓPILAS

TEBAS

MARATÓN

CORINTO

ATENAS

SALAMINA

OLIMPIA

ESPARTA

MAR MEDITERRÁNEO

CRETA

LA CIVILIZACIÓN CRETENSE O MINOICA

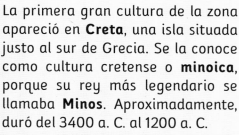

La primera gran cultura de la zona apareció en **Creta**, una isla situada justo al sur de Grecia. Se la conoce como cultura cretense o **minoica**, porque su rey más legendario se llamaba **Minos**. Aproximadamente, duró del 3400 a. C. al 1200 a. C.

En aquellos tiempos, los cretenses dominaban el Mediterráneo gracias a una poderosa **flota de guerra** que protegía sus barcos mercantes.

Cuando la civilización se empezó a desarrollar en el interior de Grecia, los griegos intentaron imitar el arte y la cultura de Creta.

Los cretenses construyeron impresionantes **palacios** con varios pisos, terrazas y patios interiores. Las paredes estaban decoradas con pinturas que muestran a este pueblo disfrutando de un modo de vida elegante y sofisticado.

Nadie sabe cuándo ni por qué **desapareció** la cultura de Creta, pero es posible que se debiera a una serie de catástrofes naturales como terremotos, erupciones volcánicas o tsunamis, seguidos de una invasión.

TAL VEZ NO SABÍAS QUE...

El **toro** era un animal sagrado para los minoicos. En los ya-
cimientos cretenses los hay por todas partes: estatuillas de
toros, medallones con toros, esculturas de toros... Incluso las
paredes minoicas tienen adornos en forma de cuernos. Pero
las representaciones más espectaculares son las **pinturas
murales,** en las que se muestra un curioso ritual.

En estas pinturas, puede verse a chicos y chicas saltando
y danzando alrededor de este animal. Estos rituales tenían
lugar en los patios interiores de los palacios, algunos de los
cuales tenían hasta cuatro pisos de altura. Es probable que
los impresionantes palacios de Creta, a ojos de los griegos de
la época, que eran mucho más primitivos, dieran origen a la
leyenda del laberinto del **Minotauro**.

LA CIVILIZACIÓN CRETENSE O MINOICA

El Minotauro

La leyenda cuenta que el rey de Creta, **Minos**, no podía tener hijos y pidió ayuda a los dioses. El dios del mar, **Poseidón**, le envió un magnífico **toro blanco** para que lo sacrificara en su honor, pero Minos se quedó con el toro y sacrificó otro animal. Poseidón, al darse cuenta, se enfadó mucho e hizo que **Pasifae**, la esposa del rey, se enamorara del toro. Al cabo de unos meses, la reina dio a luz un bebé monstruoso, mitad hombre y mitad toro: el **Minotauro**.

El niño creció hasta convertirse en un ser cruel y salvaje que se alimentaba de personas. Horrorizado, Minos ordenó al célebre arquitecto **Dédalo** que diseñara un lugar donde encerrar al monstruo, una construcción tan compleja que era imposible salir una vez que se había entrado. La llamaron **laberinto**.

Entonces estalló la guerra entre la ciudad griega de Atenas y los cretenses, capitaneados por Minos. Creta ganó la guerra y Minos exigió una condición terrible a cambio de firmar la paz: cada año, Atenas enviaría a Creta a diez chicos y diez chicas para que fueran devorados por el Minotauro.

El hijo del rey de Grecia, **Teseo**, se presentó voluntario para matar al monstruo.

Ariadna, la hija de Minos, se enamoró de Teseo y le hizo dos regalos: una espada para defenderse del monstruo y un **ovillo de lana** para atarlo en la entrada e ir desenrollándolo a medida que se internaba en el laberinto. Así, tras matar al Minotauro, Teseo pudo encontrar el camino de vuelta gracias al hilo de Ariadna y volver victorioso a Atenas.

El vuelo de Ícaro

Cuando el laberinto estuvo acabado, **Dédalo** le envió la factura al rey Minos. Cuando el rey vio el precio, decidió ahorrarse el dinero **encerrando** a Dédalo y a su hijo **Ícaro** en el laberinto para que fuesen la cena del Minotauro.

Dédalo, perdido en la prisión que él mismo había construido, encontró un viejo nido de águila lleno de plumas. Con ellas fabricó unas **alas**, usando cera de abeja para unir las plumas a una estructura de madera de su invención. Cuando tuvo listos dos pares de alas, padre e hijo abandonaron el laberinto por los aires y emprendieron el camino a casa sobrevolando el mar. Antes de partir, Dédalo advirtió a su hijo que no volase demasiado alto. Ícaro no le hizo caso a su padre, porque estaba demasiado entusiasmado con eso de volar. Voló tan arriba que el calor del **sol** derritió la cera y las plumas se despegaron, lo que causó que Ícaro cayera al mar y muriera ahogado.

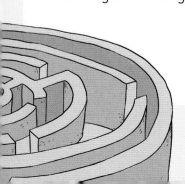

Cuando la cultura cretense desapareció, en el interior de Grecia se desarrolló la llamada civilización **micénica**, que duró aproximadamente del 1700 a. C. al 1050 a. C. Ya no hablamos de pueblos primitivos, sino de sociedades complejas con palacios y fortalezas que dominaban amplias regiones. Todo el país estaba dividido en pequeños reinos enfrentados entre sí, dirigidos cada uno por un rey y una élite guerrera con armas de bronce.

Los campesinos y esclavos cultivaban la tierra. Las cosechas se almacenaban en enormes **palacios** fortificados donde vivían el rey y los nobles. Esos palacios contaban con imponentes murallas, almacenes y casas de varios pisos de altura.

La cultura micénica se vio muy influenciada por la de Creta. Algunos expertos creen que los guerreros de Micenas tuvieron algo que ver con la desaparición de la cultura minoica. Es posible que los micénicos aprovecharan algún desastre natural para **atacar** las ciudades cretenses, que no tenían murallas porque confiaban en que su poderosa flota de guerra los protegiera de las invasiones.

Carros de combate

En aquella época, el material más duro conocido era el **bronce**, una mezcla de cobre y estaño. Se trata de un metal duro y resistente al que se puede dar forma con facilidad. Pero el estaño era un metal muy **caro** y escaso, así que solo los más **ricos** podían permitirse los equipos militares más sofisticados: espadas, escudos y armaduras de bronce, así como **carros de guerra** tirados por una pareja de caballos.

Estos carros eran la tecnología punta de la época: rápidos y resistentes, llevaban una tripulación de **dos** hombres. Uno era el **conductor**, que guiaba a los caballos contra la formación enemiga, y el otro era el **tirador**, que arrojaba flechas y jabalinas contra los enemigos y podía alejarse rápidamente cuando contratacaban.

La civilización micénica duró unos **setecientos años**, hasta que unas alianzas de tribus del norte, los **dorios**, entraron en escena. Los dorios formaban parte de unas oleadas de pueblos invasores que llegaron a Europa provenientes del este en busca de tierras fértiles. Estos pueblos dorios destruyeron la civilización micénica entre los siglos XII y XI a. C., incendiando los palacios y matando o esclavizando a gran parte de la población.

Con ellos, empezó la que se conoce como **Edad Oscura**, un período de varios siglos en el que diversos pueblos se dedicaron al saqueo y a la piratería, lo que provocó la caída de las grandes civilizaciones de la zona mediterránea.

Los muros ciclópeos

Los griegos de épocas posteriores se encontraron con los restos de los palacios micénicos y alucinaron bastante. Sobre todo porque aquellas murallas estaban construidas con **piedras** enormes, talladas cuidadosamente y encajadas entre sí al milímetro, como si fuesen las piezas de un puzle.

Cerca de esos muros en ruinas, encontraron también gigantescos **cráneos** con un gran agujero en la frente. Los griegos creyeron que debían ser restos de gigantes con un solo ojo y así surgió la figura de los **cíclopes**, que suelen aparecen en su mitología. Para ellos, tenía sentido pensar que los cíclopes habían construido los muros micénicos. En arquitectura, a los muros construidos con grandes bloques de piedra se los llama todavía **muros ciclópeos**.

En realidad, los cráneos que encontraron los griegos pertenecían a una especie de **elefante** que había vivido por toda la costa mediterránea. Eran más pequeños que los elefantes africanos, pero su cráneo seguía siendo mucho mayor que el de una persona. El **hueco** en mitad de la frente no era la cuenca del ojo, sino que era el lugar donde los músculos de la trompa se unían al cráneo.

No se puede negar que los antiguos griegos tenían mucha **imaginación**.

LA EDAD OSCURA

Siglos XII-VIII a. C.

Hacia el final de la Edad del Bronce, la última etapa de la prehistoria, una terrible **erupción volcánica** llenó la atmósfera de polvo y se perdieron cosechas por todo el mundo. El hambre desplazó a grandes cantidades de personas desde la zona del mar Negro hasta Grecia, Italia y Oriente Medio, y saqueó las poblaciones que encontraban a su paso. En el caso de Grecia, las bandas de guerreros dorios entraron desde el norte, situación que obligó a la población micénica a **huir** hacia la costa. Mientras las ciudades ardían y los campos quedaban sin cultivar, los supervivientes no tuvieron más remedio que dedicarse a la **piratería**. En algunos casos, piratas y guerreros se aliaron para atacar las costas de **Egipto**. Los egipcios, horrorizados ante estas oleadas de saqueadores y asesinos que llegaban del Mediterráneo, los llamaron en sus inscripciones «**los pueblos del mar**».

Muchos palacios micénicos fueron destruidos y grandes zonas de Grecia quedaron despobladas. Algunos jefes militares griegos decidieron crear una **alianza** para atacar la ciudad más rica y próspera de la región, un enclave de leyenda llamado Ilión, pero que nosotros conocemos como **Troya**.

LA GUERRA DE TROYA

La guerra de Troya fue un claro ejemplo de las tácticas de **asedio** de los pueblos del mar.

Se cuenta que un puñado de reyes griegos se reunieron y decidieron montar un **ataque** a gran escala. Juntaron en mil barcos un fenomenal ejército de saqueadores con una sola idea: **robar**. Y también hacer esclavos, pero, sobre todo, robar. Aproximadamente en el siglo XIII a.c., atacaron por sorpresa la ciudad de **Troya** y la sometieron a asedio. Según la mitología, el motivo del ataque fue que una reina griega, **Helena**, había abandonado a su marido, el rey espartano Menelao, para huir a Troya con su amante, **Paris**, un príncipe troyano guapísimo. Troya era grande y estaba llena de riquezas, pero la protegían unas **murallas** tan altas y sólidas que se decía que las había construido el dios Poseidón. Los griegos pasaron un montón de tiempo tratando de apoderarse de la ciudad sin éxito.

Según la leyenda, cuando estaban a punto de rendirse, apareció el héroe **Ulises** con una idea descabellada: construir un gigantesco **caballo de madera** y dejarlo allí, como una ofrenda al dios del mar. Pero todo era un truco, ya que dentro del caballo se escondía un batallón de soldados. Los griegos fingieron marcharse, pero en realidad estaban escondidos en una playa cercana. Cuando los troyanos metieron la ofrenda en la ciudad, los soldados salieron del caballo, mataron a los guardias y abrieron las puertas al ejército griego. El plan era tan loco que acabó funcionando; los griegos robaron, mataron e hicieron esclavos durante diez días. Después, Troya **ardió** hasta los cimientos.

¿Mito o realidad?

La historia de la guerra de Troya fue el tema de una serie de largos poemas, recopilados varios siglos después en un libro llamado la *Ilíada*.

Los griegos creían que la guerra había sucedido realmente, aunque con el tiempo esos poemas acabaron por ser considerados un simple **mito**. Pero un millonario prusiano de hace un siglo y medio llamado **Schliemann** creía que era real. Se puso a excavar en una colina de la costa de Turquía que era idéntica al lugar descrito en los poemas y desenterró una ciudad de la era micénica. Schliemann estaba convencido de que había encontrado las **ruinas de Troya**. En realidad, allí había varias ciudades, construidas una sobre otra. Nadie está del todo seguro de cuál de ellas es la que aparece en los poemas, pero, hoy en día, la mayoría de los expertos creen que la guerra de Troya **sucedió** realmente aunque no fuera como la describe la *Ilíada*.

> JO, YA PODRÍAN HABER PUESTO LA *PUERTA* EN OTRO SITIO.

CREO QUE VAMOS A NECESITAR UN CABALLO MÁS *GRANDE*.

La cólera de Aquiles

Aquiles es uno de los personajes principales de la *Ilíada*. En el poema, es el mejor soldado de entre los griegos, pero también es un ladrón y un asesino.

En un momento muy importante del relato, Aquiles se enfada con el general de los ejércitos griegos y se **retira** de la lucha. Los troyanos aprovechan para atacar el campamento griego y, en el combate, el **mejor amigo** de Aquiles muere a manos del comandante troyano **Héctor**. Aquiles decide volver a la lucha para vengar a su amigo. En la batalla, la ira lo consume y mata a un montón de enemigos. Cuando se encuentra con Héctor, el asesino de su amigo, comienza a perseguirlo sin descanso, hasta que logra darle fin con su **lanza**.

LA ÉPOCA ARCAICA

Siglos VIII-V a. C.

La época arcaica empieza con los primeros **Juegos Olímpicos** y termina con la guerra entre los griegos y los persas.

En este período, se sientan las bases de la cultura griega clásica: la de las estatuas, los filósofos y demás. En la época arcaica, Grecia emerge de la Edad Oscura y las pequeñas aldeas se unen para formar las típicas ciudades griegas llamadas **polis**. Las polis se quedan pequeñas enseguida y los griegos empiezan a fundar nuevas ciudades llamadas **colonias**. También es el momento en la que los griegos dan forma a su **cultura** tal como la conocemos. El arte, la filosofía, el teatro: todo esto empezará a desarrollarse en esta época.

Pero quizá la aportación más importante del período se dé en el campo de la **política**. El poder pasará de la **monarquía**, ejercido por una sola persona, a la **oligarquía**, en manos de un puñado de ricos egoístas. Cansados de obedecerlos, los ciudadanos de Atenas inventarán un modo de gobierno basado en el pueblo: la **democracia**. La lucha entre los demócratas y los partidarios del gobierno de unos pocos marcará este período, quizá uno de los más interesantes de la historia universal.

Al principio de la **época arcaica**, las tierras de Grecia eran atacadas a menudo por guerreros que venían de regiones más salvajes al norte. Para hacerles frente, las aldeas empezaron a agruparse y a rodear las casas con murallas. Así nacieron las **polis**, típicas de la cultura griega.

Una polis era un conjunto formado por una ciudad, los campos y granjas de su alrededor y, en caso de estar junto al mar, el puerto. Solían construirse en torno a un montículo fortificado llamado **acrópolis**, que significa 'ciudad alta'.

Al estar separadas por montañas, cada polis era un pequeño estado independiente, a menudo en guerra unas con otras.

Las pequeñas diferencias en sus costumbres y puntos de vista les impidieron unirse y formar un gran estado, a pesar de que hablaban el mismo idioma y adoraban a los mismos dioses.

El problema de las polis era que no podían crecer mucho: si vivía demasiada gente, las granjas no podían producir suficiente comida para todos. La solución que encontraron fueron las **colonias**: cuando había demasiada gente en una polis, una parte de la población se embarcaba con sus cosas y se marchaba a fundar una ciudad nueva en otra parte.

A veces, las colonias se fundaban en territorios que ya estaban **habitados** por otros pueblos. Pero los griegos de la época arcaica perfeccionaron formas muy eficaces de hacer la **guerra** y solían derrotar sin problemas a otros pueblos no tan desarrollados.

Para fundar una colonia, se escogía un **jefe**, que era el que decidía dónde se iba a situar la futura ciudad, normalmente en algún lugar cerca del mar. Al principio solo iban allí los hombres, por si había jaleo con los lugareños. Al cabo de un tiempo, llegaban las mujeres y los niños, que traían con ellos

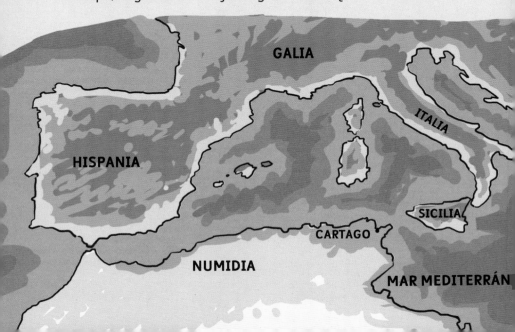

un **fuego sagrado** desde la polis de origen. En la nueva colonia, el terreno se dividía de forma más planificada.

Algunas de estas colonias llegaron a ser mucho más importantes que las ciudades originales. En ellas surgieron muchos de los **sabios**, filósofos y artistas que serían famosos posteriormente, como Tales de Mileto, Pitágoras de Samos o Arquímedes de Siracusa.

TAL VEZ NO SABÍAS QUE...

En todas las ciudades griegas existía un lugar llamado **pritaneo**: un conjunto de edificios donde se reunían los magistrados y se almacenaba el grano. Estaba dedicado a **Hestia**, la diosa del hogar, y allí se custodiaba el fuego sagrado, que no se podía apagar nunca. Cuando se fundaba una nueva ciudad, se traía una antorcha encendida con el fuego sagrado de la ciudad de origen para encender el fuego del nuevo pritaneo. Con ese acto, la nueva ciudad quedaba bajo la protección de Hestia.

EDONIA

GRECIA

JONIA

PERSIA

PONESO

CRETA

IMPERIO SELÉUCIDA

La monarquía

Al principio, las polis eran gobernadas por un **rey**, como en los tiempos micénicos. Normalmente, los hijos del rey **heredaban** el título, que se suponía que tenía un origen divino. Era lo que se conoce como **monarquía**, el gobierno de un solo hombre.

La oligarquía

Poco a poco, los reyes fueron sustituidos por gobernantes elegidos, llamados **arcontes**, aunque lo normal era que el poder real estuviera en manos de un grupo de hombres ricos y poderosos. El gobierno de unos pocos se llamaba **oligarquía**, y ellos mismos se llamaban a sí mismos **aristócratas**, 'los mejores'.

Estos aristócratas tenían grandes tierras cultivadas por **esclavos** y eran los únicos que podían permitirse pagar caros equipos militares: caballos, carros y armaduras.

Por eso, los aristócratas eran cada vez más poderosos, ya que se **enriquecían** con las guerras, al saquear las riquezas de sus rivales y convertir en esclavos a los que capturaban. La gente normal, los campesinos y artesanos, no tenía ningún poder y los aristócratas **abusaban** de ellos. Los campesinos se veían obligados a vender sus tierras a los aristócratas y a menudo tenían que pedirles dinero prestado para alimentar a la familia. Cuando no podían pagar, acababan siendo sus esclavos.

La democracia

La democracia era un sistema de gobierno que inventaron los griegos para evitar que los ricos abusaran de los pobres. Este sistema nació en **Atenas**, pero se extendió por todo el mundo griego.

La idea era que todos los ciudadanos pudieran **votar** las leyes y que cualquiera de ellos pudiera ser elegido para un cargo durante un tiempo determinado. En general, los oligarcas se **negaban** a compartir el poder y querían seguir gobernando solos, así que los que querían la democracia tuvieron que **luchar** contra ellos.

En las ciudades griegas vivía toda clase de personas, pero no todas eran iguales ni tenían los mismos derechos.

La nobleza

Eran hombres ricos y poderosos, pertenecían a familias importantes y presumían de tener antepasados famosos. Como siempre se casaban entre sí, al final unas pocas personas acababan siendo dueños de casi todas las tierras fértiles, donde trabajaban montones de esclavos. Los nobles controlaban al pueblo con leyes y tribunales, y la gente normal solo podía callar y obedecer.

El pueblo

En la antigua Grecia, el pueblo lo formaban **campesinos, artesanos y trabajadores**. Eran ciudadanos de la polis y tenían ciertos derechos y obligaciones. Normalmente, solo se consideraba ciudadanos a los que se podían pagar una armadura y un escudo para defender la ciudad.

La democracia de Atenas demostró que los ciudadanos podían rebelarse contra la oligarquía y mejorar su vida. En muchas ciudades, los nobles fueron expulsados y el pueblo eligió la **democracia** como sistema de gobierno.

Los extranjeros, los esclavos y las mujeres no eran considerados ciudadanos de la polis.

Los extranjeros

Todos los nacidos fuera de los límites de la polis. Eran libres, pero no eran ciudadanos, por eso no se les tenía demasiado en cuenta. No podían votar ni ser elegidos para ningún cargo.

Los esclavos

Los esclavos no eran libres ni ciudadanos. Normalmente, eran prisioneros de guerra o hijos de esclavas, pero también podías acabar como esclavo si debías dinero.

Se encargaban de los trabajos más duros y eran considerados algo así como animales parlantes. La **esclavitud** era normal en todas las sociedades de la Antigüedad y, en general, los griegos trataban mejor a sus esclavos que otros pueblos de aquella época.

Las mujeres

Las mujeres eran libres, pero no ciudadanas. La sociedad griega era tan **machista** como muchas de las de aquel entonces y se consideraba que el papel de la mujer era solamente el de madre y esposa. Aun así, los griegos valoraban a la gente con **talento** y algunas mujeres destacaron en el campo de la medicina, la ciencia o el arte.

Durante la época arcaica, se produjo un **cambio** en la forma en que se hacía la guerra.

Las invasiones de los pueblos del mar habían interrumpido el comercio del **estaño**, un metal necesario para la creación de **bronce**. Al no poder fabricar bronce, los herreros del Mediterráneo hicieron experimentos y descubrieron un método para extraer **hierro** de ciertos tipos de rocas fáciles de encontrar.

De repente, fue posible equipar a un montón de gente con armas de hierro. En la ciudad de Argos, un jefe militar llamado **Fidón** equipó a sus ciudadanos con armas de hierro y juntos aplastaron a los nobles que luchaban en carros al estilo micénico, demostrando que los ejércitos de ciudadanos eran superiores a los de la Edad del Bronce.

A estos nuevos soldados se los llamó **hoplitas**, que significa 'hombre armado'. Iban equipados con una larga lanza con punta de hierro, casco y un escudo circular que protegía tanto al soldado que lo llevaba como al que tenía al lado. También solían llevar armadura y protecciones extras en piernas y brazos.

En el momento de la batalla, los **hoplitas** se disponían en apretadas filas para defenderse mejor. A estas agrupaciones de combate se las llamaba **falanges**.

Las **batallas** se desarrollaban casi siempre de la misma forma: dos formaciones de falanges, con varias líneas compactas cada una, cargaban y chocaban contra la otra, y todos se **empujaban** a lo bestia. Los hoplitas que estaban detrás empujaban a los que estaban delante, que intentaban clavar su lanza en los huecos sin armadura del enemigo. En algún momento, uno de los dos bandos se iba retirando, más o menos en orden. El bando que no se retiraba **ganaba** la batalla y erigía una especie de monumento con los escudos que sus enemigos habían dejado atrás.

También tenían tropas de caballería, pero solo servían para perseguir a los soldados cuando se retiraban. Los **caballos**, por entonces, eran más **pequeños** que los que existen actualmente: tenían el tamaño de un poni y aún no se habían inventado los estribos, que permiten al jinete sujetarse bien. La guerra en la antigua Grecia solo duraba unos pocos meses, entre primavera y verano. A finales de verano, los soldados tenían que volver a sus campos para participar en la **cosecha**.

Según las creencias de los antiguos griegos, los **dioses** no estaban en todas partes, sino que vivían en un lugar muy concreto: la cima del **monte Olimpo**, la montaña más alta de Grecia. Tampoco eran seres perfectos que lo sabían todo. Eran poderosos, sin duda, pero se les podía engañar y tenían **defectos** como la gente normal: Hera era celosa, Zeus era infiel, Afrodita era vanidosa y Ares tenía un problema de control de la ira.

Los dioses griegos no esperaban que te portaras bien, porque tu **destino** ya estaba escrito y no podías hacer nada por evitar lo que iba a pasarte. Lo que los dioses querían de sus fieles era que hicieran algún **sacrificio** de animales de vez en cuando.

El dios más importante era **Zeus**, que tuvo muchos hijos e hijas, y todos fueron dioses o semidioses. Cuando Zeus se enfadaba, utilizaba su rayo para desencadenar tormentas o para matar a los que lo desobedecían. Su hermano **Hades** era el dios del inframundo, la tierra de los muertos. Todos los mortales acababan allí sin importar si se habían portado bien o mal. Su otro hermano era **Poseidón**, el dios del mar.

La diosa de los cultivos se llamaba **Deméter**. Según el mito, su hija **Perséfone** está casada con Hades y pasa con él seis meses al año en el inframundo. Durante esos seis meses, Deméter está triste y no crecen las plantas, pero, cuando su hija vuelve a casa a visitarla, todo florece de nuevo. Así explicaban el motivo del cambio de las **estaciones** del año.

Otros dioses eran **Dioniso**, el dios del vino y la diversión, o **Hermes**, el mensajero de los dioses, que tenía unas sandalias con alas para ser tan rápido como el viento. **Hefesto** era un dios herrero que estaba casado con **Afrodita**, la diosa del amor, aunque al final se divorciaban.

Los griegos tenían montones de dioses y harían falta varios libros como este para poder nombrarlos a todos.

Poseidón

Era el dios del **mar** y los océanos. Los griegos eran un pueblo muy marinero, así que Poseidón era un dios muy importante, al que se debían hacer sacrificios si uno quería tener un buen viaje por mar. Cuando Poseidón se enfadaba con los mortales, usaba su tridente para crear **tempestades** que hundían los barcos o provocaba terremotos que destruían las ciudades. Tuvo un montón de hijos y creó el primer caballo golpeando una roca con su **tridente**.

TAL VEZ NO SABÍAS QUE...

Se dice que Poseidón fue enviado a proteger la ciudad de **Troya** por petición de Zeus. Con la ayuda de Apolo, construyó unas **murallas** tan altas y sólidas que ningún enemigo podría atravesarlas jamás. Sin embargo, el rey troyano no pagó a los dioses el precio que habían acordado. Poseidón se lo tomó muy mal y envió un monstruo marino llamado **Ceto** a la ciudad. Años después, el monstruo sería derrotado por **Heracles**.

Atenea

Diosa de la **guerra** estratégica y de la **artesanía**. La ciudad de **Atenas** lleva su nombre. Cuenta la leyenda que, cuando los atenienses tenían que elegir un dios protector de la ciudad, Poseidón y Atenea competían por hacerse con el puesto. Poseidón clavó el tridente en una roca de la acrópolis e hizo brotar un **manantial** de agua salada como regalo a la ciudad.

Atenea golpeó el suelo con su lanza e hizo brotar el primer **olivo** que existió. Un tribunal de dioses decidió que Atenea había ganado. El **aceite** de oliva sería uno de los productos con más demanda, que se vendería por todo el Mediterráneo.

Heracles

Heracles, al que los romanos llamaban Hércules, era el más conocido de los **héroes** mitológicos griegos. Era hijo de Zeus y tenía la fuerza de un dios. Se le conocía por haber completado **doce trabajos** imposibles. El primero fue matar a un león con sus propias manos y, con su piel, se hizo una capa. En otro de sus trabajos tuvo que matar a la **Hidra**, un monstruo terrible con muchas cabezas. Cada vez que Heracles le cortaba una cabeza, le crecían otras dos en su lugar.

Apolo

Apolo era un dios muy importante. Guapo, atlético y un músico excelente. Era el dios de la belleza y el deporte, pero también del arte, la música, el tiro con arco, el sol, la adivinación, la medicina y **un montón de cosas más**.

Nació de un romance entre Zeus y Leto. Cuando la mujer de Zeus, Hera, se enteró, envió a Leto a las tierras en que vivía una **serpiente gigante** llamada Pitón para que la matara. Apolo consiguió un arco y acabó con la monstruosa serpiente en el monte Parnaso, en un lugar llamado **Delfos**. Después ordenó que se construyera allí un **templo** en honor a sí mismo.

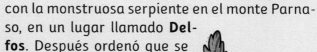

El santuario de Apolo en Delfos

Aunque los griegos siempre estaban peleándose entre sí, había cosas que los mantenían unidos: hablaban el mismo idioma y tenían un pasado común, como por ejemplo la guerra de Troya, cuando todos los griegos formaron un solo ejército. Además, estaba el hecho de que todos adoraban a los mismos dioses. Por eso existían **santuarios**, que eran, de alguna forma, propiedad de todos los griegos. Uno de los más importantes era el santuario de Apolo en Delfos.

El santuario era un **recinto sagrado** protegido por murallas, donde había varios templos rodeados de jardines con fuentes, estatuas y un teatro.

Al llegar a Delfos, el visitante subía por una cuesta rodeada de templos en miniatura en los que se guardaban ofrendas a los dioses. En la parte de arriba, se alzaba el impresionante templo de Apolo. Siempre había un montón de cola para poder entrar, porque el templo contenía algo especial en su interior: el **oráculo de Delfos**.

El oráculo de Delfos

El oráculo era el sistema por el que la gente preguntaba cuál era la voluntad de Apolo a su sacerdotisa, apodada **pitia**, de donde viene la palabra actual *pitonisa*. Cuando los sacerdotes que custodiaban el templo lo dejaban pasar, el visitante podía consultar con quién debería casarse, emprender un viaje o cualquier otra cosa. Incluso las ciudades enviaban **delegaciones** para preguntar sobre asuntos tan importantes como ir a la guerra o fundar una nueva colonia.

Una vez que el consultante entraba en el recinto sagrado, debía ofrecer a Apolo una **tarta** hecha con miel y sacrificar una **cabra**. Antes de matar al animal, le echaban agua sagrada por encima. Si la cabra temblaba, significaba que Apolo accedería a hablar.

La persona que llegaba hasta allí debía formular una pregunta. La pitia le daba una **respuesta ambigua**, que podía entenderse de varias maneras. Los sacerdotes se encargaban de **interpretar** sus palabras y comunicárselas al interesado. Hay quien dice que la pitia tenía una silla sobre una grieta del terreno de la que emanaban gases tóxicos que la hacían **alucinar**.

Las **profecías** se expresaban en un lenguaje muy poco concreto. De este modo, pasara lo que pasara, los sacerdotes podían decir que la profecía se había malinterpretado.

Creso y los persas

Un caso muy conocido fue el de **Creso**, el último rey de **Lidia**, en el siglo VI a. C. Creso era considerado el hombre más rico del mundo, pero no tenía suficiente y decidió ampliar su reino invadiendo tierras que pertenecían al rey de **Persia**. Para estar seguro, le preguntó al oráculo si sería bueno para él ir a la guerra. La pitia le dijo que, si lo hacía, un gran imperio sería destruido. Creso atacó a los persas, pero fue derrotado. El ejército persa asaltó el palacio y capturó a Creso.

La pitia había **acertado** de nuevo. Al atacar a los persas, Creso había destruido un gran imperio: **el suyo propio**.

En la época arcaica, la sociedad griega estuvo sujeta a fuertes **cambios**. Las mejores tierras se acumulaban en unas pocas manos y cada vez más ciudadanos acababan como esclavos de los ricos. Pero, para **defender** la ciudad, se necesitaban un montón de hombres libres con dinero suficiente como para pagarse el escudo, la armadura o el casco.

Para evitar revoluciones, muchas ciudades cedieron amplios poderes a los **legisladores**, que crearon leyes para hacer sociedades un poco más justas.

Solón, el legislador (638-558 a. C.)

En Atenas, se eligió al legislador **Solón** para que pusiera orden y evitara una guerra civil entre los nobles y el pueblo. Hasta que llegó él, unas pocas familias nobles se repartían el poder, hacían las leyes y eran los jueces.

Solón **prohibió** que se esclavizara a los campesinos e intentó que las mejores tierras, en manos de los nobles, se **repartieran** entre todos. Amplió la posibilidad de tener cargos públicos a más gente, aunque solo a los más ricos. Las reformas de Solón fueron importantes, pero la gente más **pobre** seguía pasándolo mal y exigiendo cambios más profundos, que no llegarían hasta la democracia.

La sociedad espartana

Al sur de Grecia se encuentra la península del **Peloponeso**. Una de sus regiones, Laconia, fue conquistada por las **tribus dorias** durante la Edad Oscura y allí se fundó la famosa ciudad de **Esparta**. Los dorios exigieron a la población local que se rindieran y fuesen sus siervos. Los que se sometieron, apodados **periecos**, se dedicaban a la artesanía y al comercio, pero no eran considerados ciudadanos y no tenían derechos. A los que se negaron a someterse por las buenas se los redujo a la más brutal esclavitud. Apodados **ilotas**, su situación era bastante terrible, porque los espartanos eran unos abusones.

Licurgo (algún momento entre los siglos IX y VII a. C.)

Licurgo fue un legislador de Esparta, aunque nadie sabe exactamente si existió realmente. Según se dice, escribió las leyes con las que Esparta se gobernó en los años siguientes. Se basaban en el reparto de la riqueza entre los ciudadanos, el servicio militar obligatorio y la educación de los jóvenes a cargo del Estado.

Cuando acabó de redactarlas, se fue de viaje, pero antes hizo prometer a los espartanos que **obedecerían** las leyes hasta que volviera. Según la leyenda, en cuanto salió de la ciudad, se **suicidó** para que sus leyes fuesen respetadas para siempre.

LICURGO

La *agogé* o educación espartana

Al nacer, los **bebés** espartanos eran examinados por los sacerdotes. Si eran débiles o tenían algún defecto, los tiraban rodando por una colina. Solo salvaban a los que demostraban tener iniciativa y se agarraban a una rama.

Los niños espartanos eran criados en casa hasta los **siete** años. A esa edad, se los enviaba al cuartel y se los entrenaba para ser **soldados**.

En el cuartel, eran golpeados por cualquier motivo. Iban **descalzos** y con ropa de verano todo el año, para que se acostumbraran a pasarlo mal. Los niños recibían muy poca comida, así que estaban obligados a escaparse y robar de las granjas cercanas. Si los pillaban robando, les pegaban con palos, no por robar, sino por haberse dejado atrapar.

Al cumplir los **dieciocho**, los jóvenes debían superar una última **prueba** antes de ser admitidos como ciudadanos: enfrentarse a un esclavo joven y fuerte, un posible líder entre los ilotas, y asesinarlo utilizando solo sus manos.

Este brutal sistema educativo no tenía como fin entrenar mejores soldados, sino hacerlos insensibles y **obedientes**. Y lo consiguieron. Mientras en otros lugares de Grecia había revoluciones, tiranías y regímenes democráticos, la sociedad espartana se mantuvo fiel a sus tradiciones durante mucho más tiempo.

Una vez admitidos entre los **ciudadanos**, a los espartanos se les asignaba un lote de tierras y sus correspondientes esclavos, que las cultivarían. Porque los espartanos no eran granjeros o artesanos: su único oficio era el de soldados. Ni siquiera se les permitía vivir en su casa, sino que tenían que ir a dormir al cuartel. Si querían ver a su **esposa**, tenían que escaparse por la noche y volver antes de que se hiciera de día. Eso significaba que las espartanas disfrutaban de un poco más de **independencia** que otras mujeres griegas, porque se encargaban de los asuntos de la granja mientras su marido estaba fuera entrenando o matando gente.

En la época arcaica, las polis griegas estaban en constante **agitación**. Por un lado, estaban los ricos, siempre luchando entre sí para conseguir más dinero y poder. Por el otro, estaba el pueblo, formado por campesinos, artesanos y trabajadores, que no contaban para nada.

En estas circunstancias, surgían a menudo hombres que conseguían el poder por la **fuerza** y se mantenían en él a base de proteger a los pobres de los abusos de los ricos. Se los llamaba **tiranos**.

Aunque resulte sorprendente, las polis **mejoraban** y se enriquecían bajo las tiranías, porque los tiranos procuraban mantener **contento** al pueblo por miedo a que se rebelara. Solían dedicar los recursos de la ciudad a construir templos, puertos o canalizaciones de agua, lo que daba empleo a los trabajadores y artesanos de la ciudad.

Los tiranos se hacían con el poder gracias a sus hazañas y a su carisma personal. Si sobrevivían el tiempo suficiente, intentaban que sus **herederos** continuasen con su labor, pero eso casi nunca salía bien. Los ricos solían aprovechar la mínima ocasión para asesinar o expulsar al nuevo tirano y volver a imponer la oligarquía.

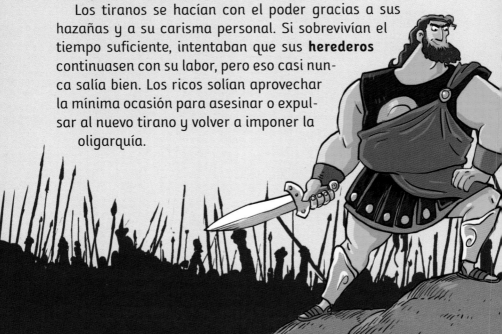

Pítaco de Mitilene (640-568 a. C.)

Un tirano muy famoso fue Pítaco, un hombre muy **inteligente** que gobernó la polis de Mitilene. Cuando su ciudad fue a la **guerra** contra los atenienses, lo eligieron general y marchó al campo de batalla al frente de sus tropas. Allí se encontró con **Frinón**, el general ateniense, ganador de los Juegos Olímpicos y conocido en toda Grecia por su fuerza y su valor.

Como los dos bandos estaban muy igualados, Pítaco propuso a Frinón un **combate** entre ellos dos solos, que decidiría el resultado de la batalla. Frinón aceptó, pero, durante la lucha, Pítaco atrapó a Frinón con una red y lo mató delante de todos. Los atenienses se retiraron sin luchar.

En agradecimiento por salvar la vida de tantos soldados, la ciudad de Mitilene le ofreció el cargo de tirano. Tras diez años gobernando, Pítaco dimitió y se dedicó a dar clases de **filosofía**. Ha sido considerado el mejor gobernante que jamás haya tenido Mitilene.

La espada de Damocles

En el siglo IV a. C., reinaba en la ciudad de **Siracusa** un tirano llamado **Dionisio I**. Un miembro de su consejo privado, **Damocles**, siempre le decía a Dionisio lo afortunado que era. Dionisio le propuso a Damocles que fuese tirano por un día.

Al día siguiente, Damocles fue tratado como un rey. Todos se reunieron a su alrededor mientras ocupaba el lugar de honor en la mesa. De repente, se fijó en que todos lo miraban asustados: sobre su cabeza, una enorme **espada** colgaba del techo, atada con una simple crin de caballo. Damocles no pudo disfrutar de la comida ni del vino ni de la adulación de la corte. Con esto, Dionisio quería darle a entender que la vida de un tirano podía estar llena de placeres y honores, pero también de **peligros**, porque los ricos siempre estaban intentando matarlos para recuperar el poder.

Pisístrato (607-527 a. C.)

El primer tirano de Atenas se llamaba **Pisístrato**. Cuando fue nombrado almirante de la flota, conquistó varios puertos y restableció las rutas de comercio que suministraban alimentos a la ciudad.

El hambre se acabó, los comerciantes y artesanos ganaban dinero y todos veían en Pisístrato al hombre que había traído la **prosperidad** a Atenas. En aquella época, los oligarcas de la ciudad estaban divididos en dos **bandos** que se peleaban continuamente: los propietarios de tierras y los comerciantes. Pisístrato creó un **tercer** partido: el de los pobres, trabajadores y campesinos. El pueblo lo adoraba porque prometió repartir tierras y ayudas, pero los ricos lo odiaban.

Un buen día, apareció en la plaza herido y cubierto de sangre, diciendo que sus enemigos habían intentado matarlo. Los ciudadanos le otorgaron una **guardia** de cincuenta hombres para su protección. Había sido un truco: él mismo se había hecho las heridas para conseguir estos soldados, que empleó para tomar la acrópolis y proclamarse tirano.

La cosa duró poco. En cuanto empezó a dictar leyes que protegían a los campesinos, sus enemigos políticos dejaron de lado sus diferencias y se **unieron** para expulsarlo de la ciudad. La primera tiranía de Pisístrato solo duró **seis meses**.

Un año más tarde, Pisístrato apareció de nuevo. Esta vez, hizo una entrada por todo lo alto: llegó a Atenas en un carro que parecía ser conducido por la mismísima **Atenea**, la diosa de la ciudad. La gente salía a las calles a verlo pasar y por todas partes corrió la noticia: Pisístrato, el defensor de los pobres, había vuelto a la ciudad. La supuesta diosa era en realidad una chica de las montañas, **disfrazada**. Incluso sus enemigos creyeron que los dioses estaban de su lado.

El triunfo de Pisístrato

Los enemigos políticos de Pisístrato se unieron de nuevo para **expulsarlo** de la ciudad y quedarse con sus propiedades.

En el exilio, Pisístrato se dedicó a los **negocios** y se convirtió en un hombre rico. Ganó suficiente dinero para financiar un ejército y, ayudado por sus dos hijos, volvió a Atenas para tomar el poder por la fuerza y se proclamó tirano por **tercera** vez. Confiscó las enormes **fincas** de sus enemigos, las dividió en parcelas más pequeñas y se las devolvió a los campesinos que se habían quedado sin tierras. También dio trabajo a obreros y artesanos al ordenar la construcción de templos, teatros y un acueducto. Gobernó Atenas hasta que murió en el año 527 a. C.

Los hijos de Pisístrato

Toda la ciudad acudió al **entierro** de Pisístrato y allí mismo se decidió que sus dos hijos, **Hipias e Hiparco**, heredarían el

gobierno. Los hijos de Pisístrato eran jóvenes y ricos. Además, habían demostrado ser valientes y el pueblo los quería tanto como a su padre. Supieron gobernar con sabiduría, como su padre les había enseñado.

A Hiparco le gustaba un chico llamado **Harmodio**, pero Harmodio ya tenía un novio llamado **Aristogitón**. Juntos decidieron matar a Hiparco. Su intención era matar también a Hipias para evitar su venganza, pero no lo lograron porque llevaba escolta. Ambos fueron ejecutados por el asesinato de Hiparco.

Hipias

Hipias quedó gobernando en solitario, pero el asesinato de su hermano lo volvió paranoico. Su carácter cambió y empezó a abusar del poder, hasta convertirse en un **tirano** en el sentido actual del término.

Sus enemigos **sobornaron** a los sacerdotes del oráculo de Delfos para que convencieran a los **espartanos** de intervenir y expulsar a Hipias de Atenas. Los partidarios de Hipias, derrotados, se refugiaron en la acrópolis. Cuando los espartanos capturaron a sus hijos, Hipias prometió marcharse si no les hacían daño. En el año 510 a. C., se marchó a Persia, donde logró ganarse la confianza del rey **Darío I**.

Tras la expulsión de Hipias, en Atenas ocurrió algo único: la creación de la primera democracia conocida en la historia de la humanidad. La democracia ateniense era una **democracia directa**: los ciudadanos se reunían una vez por semana y participaban de las decisiones políticas votando, por ejemplo, si debían ir a la guerra o firmar la paz, o decidir en qué gastar el dinero de los impuestos.

La reunión de todos los ciudadanos, donde todos podían hablar y votar, se llamó **asamblea**.

En el siglo v a. C., el general **Pericles** estableció una paga para los magistrados, porque consideró que estaban al servicio de la ciudad. Gracias a esto, las personas que no tenían tiempo o dinero fueron incluidas en la vida política de Atenas.

Los cargos públicos se elegían de dos modos distintos:

• **Cargos electos por sorteo.** Era el método más habitual para nombrar cargos públicos, ya que se consideraba el más democrático posible: toda la ciudadanía debía gobernar y ser gobernada por turnos. Así, no se tomaba en cuenta ningún tipo de ventaja o mérito a la hora de elegir.

• **Cargos electos por votación.** Alrededor de unos cien funcionarios eran elegidos por la asamblea. Se ocupaban de tareas específicas, como inspectores de los mercados o jueces, que eran elegidos una sola vez en la vida. Eran investigados antes y después de ejercer el cargo, para evitar los delitos de corrupción.

Las democracias **actuales** se distinguen de la antigua democracia griega en que, en la actualidad, un ciudadano solo tiene derecho a elegir funcionarios que lo representan y votan las leyes en su nombre.

El santuario de Zeus en Olimpia

En el sur de Grecia, en la península del **Peloponeso**, se construyó uno de los mayores centros religiosos y deportivos de la Antigüedad: el **santuario de Olimpia**.

Durante siglos, en Olimpia se celebraron, cada cuatro años, unos rituales religiosos y competiciones deportivas en los que había participación de ciudadanos de todas las polis griegas. Eran los **Juegos Olímpicos**.

Durante todo el mes anterior a la celebración del juego, unos mensajeros anunciaban por toda Grecia una **tregua** sagrada: los combates y las guerras se detenían para que atletas y espectadores pudieran acudir a Olimpia sin peligro.

Las **competiciones** consistían en salto de longitud, lanzamiento de disco y jabalina, carreras de carros, lucha y carreras, algunas de ellas con armadura completa.

También había competiciones musicales, artísticas y de poesía. Los ganadores no recibían dinero, sino tan solo una **corona** de rama de olivo. Pero, cuando volvían a su ciudad, se los **honraba** con poemas, canciones y a veces incluso estatuas.

Juegos machistas

Las **mujeres** tenían prohibido asistir y participar en los Juegos Olímpicos. Pero en el siglo v a. C., una mujer llamada Ferenice de Rodas y apodada **Calipatira**, madre del famoso campeón Pisírrodo, no estaba dispuesta a perderse el triunfo de su hijo. Se vistió como un entrenador y consiguió colarse fingiendo ser un hombre. Cuando su hijo ganó el combate, saltó la valla para felicitarlo, pero se le enganchó la **ropa** y quedó desnuda frente a todos.

Según las reglas de las Olimpiadas, las mujeres que infringiesen la ley debían ser despeñadas por el monte Tipeo. Pero Calipatira era hija, hermana y madre de famosos campeones olímpicos, así que los jueces decidieron perdonarla gracias a las influencias de su familia. Para que aquello no se repitiera, se promulgó una nueva **norma** que obligaba tanto a entrenadores como a atletas a ir siempre **desnudos**, para asegurarse de que eran hombres.

Las competiciones más importantes de los juegos eran las de **lucha**. Los griegos practicaban tres modalidades: la **lucha libre**, en la que no valían los golpes; el **boxeo**, en el que solo valían los puñetazos; y el **pancracio**, que era una mezcla de los dos y en el que valía todo excepto morder y arrancar los ojos del contrario.

En el pancracio, se hicieron famosos deportistas como **Dioxipo de Atenas**. Todos los que se habían enfrentado a él habían acabado muy malheridos. En una ocasión, en el 336 a. C., llegó a obtener la victoria sin pelear ni una vez, porque todos los luchadores se retiraron uno tras otro para no tener que enfrentarse a él. Otro famoso luchador fue **Sóstrato, el Hombre-Dedos**. Lo llamaban así porque, en cuanto podía, inmovilizaba a su rival y le iba rompiendo dedos hasta que se rendía.

TAL VEZ NO SABÍAS QUE...
El pancracio era un deporte tan bestia que, a veces, los luchadores **morían**. Pero había casos en que alguno de ellos era declarado vencedor incluso después de haber muerto. Es el caso del competidor **Arraquión** en el año 564 a. C.: durante el combate, Arraquión estaba siendo estrangulado por el otro luchador. Con su último aliento, le dislocó el tobillo a su rival, que acabó por rendirse debido al dolor que sentía. Cuando los jueces fueron a proclamar vencedor a Arraquión, se dieron cuenta de que había fallecido.

Otro caso curioso fue el combate, en el 400 a. C., entre **Creugas y Damóxeno**. La contienda estaba tan igualada que los jueces decidieron que se darían puñetazos hasta que uno de los dos cayera o se rindiese. Damóxeno se pasó de la raya y acabó matando a Creugas, pero los jueces decidieron concederle la victoria a este último, porque consideraron que el golpe final de Damóxeno había sido ilegal.

LA ÉPOCA CLÁSICA

Siglos V-IV a. C.

La **época clásica** es el período de la historia de Grecia que transcurrió entre la revuelta de Jonia y el reinado de Alejandro Magno.

Este período comenzó con las guerras contra Persia y continuó con el establecimiento de la democracia en Atenas y con el Siglo de Oro del arte y la cultura griega, que coincidió con el gobierno del más brillante político de su época: **Pericles**. Se trata de la época histórica en la que alcanzaron su apogeo el poder de las polis griegas y las manifestaciones culturales que se desarrollaron en ellas.

El **arte** griego de la época clásica alcanzó, sobre todo en escultura, cotas de perfección que lo convirtieron en modelo que imitar por el Imperio romano, la Europa del Renacimiento y los movimientos artísticos neoclásicos.

A principios del siglo V a. C., **Atenas** se estaba convirtiendo en la ciudad más rica e importante de Grecia. El experimento de un gobierno en el que participaban todos los ciudadanos estaba siendo un gran éxito y las ideas democráticas empezaban a extenderse por todo el mundo griego.

Sin embargo, al otro lado del mar, una superpotencia amenazaba la prosperidad de Grecia. Se trataba del **Imperio persa**, que había conquistado todo Oriente Medio y Egipto, y había sometido el norte de Grecia. Por el camino, algunas **colonias** griegas tuvieron que someterse al rey persa, renunciar a su independencia y pagar enormes impuestos.

En ese momento, las ciudades de la región griega de **Jonia** decidieron rebelarse contra Persia y pedir ayuda a la Grecia europea. Solo Atenas y Eretria enviaron ayuda a los rebeldes jonios. Veinte barcos de guerra y dos mil soldados partieron de Atenas para ayudar a las ciudades en rebelión.

Los griegos atacaron el centro de poder persa de la región, la rica ciudad de **Sardes**. Pero los persas se organizaron y, al cabo de unas semanas, aparecieron con un gigantesco ejército, seguido de una flota con cientos de naves de guerra, para recuperar Sardes. Ante ese despliegue de fuerza, las ciudades rebeldes se rindieron una tras otra. La rebelión **fracasó** rápidamente.

Pero, en su palacio de Susa, el rey persa Darío I planeaba la **venganza** contra esas insignificantes ciudades griegas que habían osado desafiarlo. Uno de sus consejeros era **Hipias**, el antiguo tirano de Atenas, que le propuso a Darío un desembarco en la playa de **Maratón**, a unos cuarenta kilómetros de Atenas. Hipias tenía muchos seguidores en la ciudad y estaba convencido de que, en cuanto se enterasen de que había vuelto, le abrirían las puertas de la ciudad y volverían a proclamarlo tirano.

Al verano siguiente, la flota persa atacó las islas griegas que habían ayudado a los rebeldes y, poco después, en el 490 a. C., el ejército desembarcó en la llanura de Maratón.

Al ver la que se les venía encima, los atenienses enviaron a un corredor profesional llamado **Filípides** a Esparta para pedir ayuda contra los persas.

El rey persa no tenía nada en contra de Esparta; además, los espartanos estaban celebrando un festival religioso y no pensaban moverse hasta pasados unos días. El ejército ateniense llegó a Maratón y tomó posiciones en las **colinas**, desde donde se podía ver la playa en la que estaban los enemigos. Había seis persas por cada ateniense y tenían una temible caballería, pero los atenienses contaban con la ventaja de la altura. Además, sus tropas estaban mejor entrenadas, equipadas y motivadas que los reclutas persas, así que los dos ejércitos mantuvieron sus posiciones durante cinco días sin que ninguno se decidiera a atacar.

Los atenienses sabían que el tiempo estaba a su favor porque a los pocos días el ejército espartano aparecería por allí, y todo el mundo sabía cómo se las gastaban. Pero en Atenas había muchos que pensaban que lo mejor era rendirse a los persas y restaurar la tiranía de Hipias.

Al quinto día, los persas empezaron a movilizarse. Desde lo alto de las colinas, el general ateniense **Milcíades** observó cómo los persas empezaban a embarcar a sus tropas en los barcos, empezando por los caballos. Milcíades sospechó que los persas pensaban desembarcar en la mismísima Atenas, aprovechando que todos los soldados atenienses estaban en Maratón. Cuando los persas habían embarcado ya a la mitad de su ejército, Milcíades ordenó a sus hombres formar y cargar contra el enemigo. La **batalla** más importante de la historia de Grecia estaba a punto de empezar.

La batalla de Maratón

A la orden de Milcíades, **diez mil atenienses** echaron a correr colina abajo, cargados con su pesado equipo militar. Los persas no se dieron cuenta de lo que estaba pasando hasta que fue demasiado tarde. Intentaron cerrar filas y detener a los griegos con una andanada de flechas, pero, como corrían demasiado, estas les pasaron por encima.

Los atenienses estaban acostumbrados a competir desde niños en un tipo de **carrera** en la que se corría con armadura y escudo, así que no les costó llegar a las filas persas todos a la vez. Se dice que el **golpe** de los diez mil escudos contra las armas persas pudo oírse a kilómetros de distancia.

Los persas eran reclutas sin demasiado entrenamiento, no llevaban armadura y sus escudos eran de madera. Los atenienses llevaban casco, escudo y armadura de hierro, así que los barrieron del campo de batalla. Los persas rompieron filas e intentaron **huir** hacia los barcos mientras los atenienses los perseguían y los mataban por millares.

Fue una gran victoria para los griegos, pero había un problema: muchos persas habían conseguido embarcar y navegaban ya a toda vela rumbo a una desprotegida **Atenas**. Milcíades sabía que en Atenas había muchos partidarios de Hipias, el hijo del tirano Pisístrato, que querían abrir las puertas de la ciudad a los invasores. Para evitarlo, Milcíades volvió a recurrir al corredor **Filípides**: esta vez, lo envió a Atenas para que informase de su victoria y así los atenienses no se vieran tentados de rendirse.

TAL VEZ NO SABÍAS QUE...
Filípides corrió los más de **cuarenta kilómetros** que separan Atenas de Maratón, llevando su equipo militar al completo, para que los atenienses no pensaran que había desertado.

Cuando llegó a la plaza mayor de Atenas y la gente se reunió a su alrededor para saber lo que había pasado, Filípides gritó «**Niké**», que significa 'victoria', y murió allí mismo, nadie sabe si de un golpe de calor o por las heridas sufridas en la batalla. Los atenienses se atrincheraron en la ciudad y, cuando los persas llegaron, se encontraron con que nadie les abría las puertas, así que se dieron la vuelta y volvieron a casa.

Hoy en día, a la carrera de cuarenta y dos kilómetros se la llama **maratón**, en honor del sacrificio de Filípides.

Poco después de Maratón, el rey Darío murió y su hijo **Jerjes** quiso volver a atacar Grecia. Afortunadamente para los griegos, Jerjes estuvo ocupado varios años acabando con una rebelión en Egipto.

Mientras tanto, en Atenas, la **revolución democrática** seguía su curso: la asamblea de los ciudadanos se había convertido en la máxima autoridad en la ciudad. Todos eran conscientes de la amenaza de una invasión persa, así que decidieron consultar al oráculo de Delfos, que profetizó que Atenas sería arrasada y que «solo los muros de madera quedarían sin conquistar». Los atenienses se preguntaban a qué muros de madera se refería la **profecía**. Algunos creían que debían construir una muralla de madera alrededor de la **acrópolis** y resistir allí aunque el resto de la polis fuese arrasada.

Temístocles, un destacado político del momento, no creía en esa interpretación: estaba convencido de que Atenas debía poseer una flota y que «muros de madera» era una forma de referirse a los **barcos de guerra**.

En esa época, se estaba empezando a utilizar un nuevo tipo de barco. Se llamaba **trirreme**, porque tenía tres filas de remeros. Los trirremes eran más rápidos y maniobrables que los barcos más antiguos, pero eran muy **caros** de construir.

Sin embargo, la suerte parecía estar con los atenienses. Al sur de la ciudad, se habían descubierto grandes **minas de plata** y, mientras tanto, Jerjes seguía atascado en Egipto. De repente, los atenienses eran ricos. Pero ¿qué iban a hacer con el dinero? Algunos propusieron repartirlo, pero Temístocles no creía que un puñado de monedas en los bolsillos de los ciudadanos sirviese de nada si los atacaban. Cuando fue puesto al cargo de la defensa de la ciudad, utilizó el dinero para construir una **flota de trirremes** con la que Atenas podría defender su libertad y su independencia en el mar.

TAL VEZ NO SABÍAS QUE...

El arma principal de un trirreme era el **espolón**, una pieza metálica que servía para embestir y hundir el barco enemigo. Otra **táctica** en la que los marineros griegos eran auténticos maestros consistía en ponerse junto a la nave contraria y girar el barco de golpe. Así, rompían los remos de uno de los lados del barco, que se quedaba dando vueltas en círculo, de manera que se volvía muy vulnerable a los ataques.

La batalla de las Termópilas

La segunda guerra médica duró del 480 al 478 a. C. Mientras los atenienses construían su flota, Jerjes había acabado con la rebelión en Egipto y estaba listo para **atacar**. El imponente ejército persa, avanzando desde el norte, conquistó Macedonia y el norte de Grecia. Comparado con el persa, el ejército reunido por los griegos era muy pequeño. Por eso, Temístocles propuso plantarles cara en las **Termópilas**, un desfiladero con altos acantilados a un lado y un precipicio al otro. Allí, los persas solo podrían enviar a un pequeño grupo de soldados cada vez y su superioridad numérica no les serviría de nada.

El plan funcionó y los griegos retuvieron a los persas durante **una semana**. Sin embargo, un griego de la zona llamado **Efialtes** traicionó a los suyos y les enseñó a los persas un camino de montaña por el que podrían rodear a los griegos, que tuvieron que retirarse. Utilizaron su flota para evacuar la ciudad y, mientras se marchaban de su hogar, pudieron ver como los persas entraban en Atenas e **incendiaban** la ciudad.

Los 300

Cuando supieron que estaban a punto de ser rodeados, la mayoría de los soldados griegos se retiraron.

Pero el rey espartano **Leónidas** no quiso ni oír hablar del tema. Para empezar, los espartanos tenían fama de **no rendirse** jamás. Además, alguien tenía que proteger la retirada.

Leónidas era un hombre muy mayor para la época, tenía más de sesenta años y sabía que esa sería su **última** batalla. No quería morir en la cama, así que escogió luchar hasta el final y ser recordado como un héroe.

Todos los espartanos y un millar de griegos de otras ciudades **murieron** en esa última batalla. En el lugar, se alzaría un **monumento** con la inscripción: «Oh, extranjero, informa a Esparta de que aquí yacemos, todavía obedientes a sus órdenes».

La batalla de Salamina

Tras la derrota en las Termópilas, la población de Atenas empleó su recién estrenada flota para huir hasta la isla de **Salamina**.

Muchos atenienses eran de la opinión de que lo mejor era **marcharse** de Grecia y fundar una nueva ciudad en otra parte. Temístocles no estaba de acuerdo y tuvo una idea: envió un mensaje a Jerjes en el que **fingía traicionar** a los griegos. El mensaje decía que toda la flota griega estaba en Salamina y que, si atacaba allí con todas sus fuerzas, conseguiría una gran victoria, porque los griegos no podrían escapar. Jerjes se lo creyó y envió todos sus barcos a la isla.

Su plan **funcionó** a la perfección. Los marinos griegos, atrapados, no tuvieron más remedio que luchar tanto si querían como si no. La batalla de Salamina sería recordada como una de las más grandes refriegas navales de todos los tiempos.

La flota persa era bastante más grande que la griega, pero el **lugar** elegido por Temístocles jugaba a favor de esta última.

En un sitio tan **estrecho**, los barcos persas se estorbaban unos a otros y no podían maniobrar bien. La flota griega los atacó mientras intentaban organizarse, dedicándose a hundir barcos y a tomarlos al abordaje. Muchos barcos persas intentaron retirarse, pero chocaron unos con otros y acabaron estrellándose contra las rocas.

El resultado final fue una gran **victoria** para los griegos y una derrota monumental para los persas. Sin una flota que trajera suministros a su ejército, la invasión de Grecia estaba condenada a fracasar. Un año después, un ejército combinado griego atacó a los persas en **Platea** y los derrotó. Los persas se retiraron y nunca más volvieron a intentar conquistar Grecia.

Artemisa de Caria (siglo v a. C.) fue la primera mujer en dirigir una **flota** de guerra. Habiendo demostrado su habilidad como estratega en varias batallas, **Jerjes** le dio el mando de cinco trirremes persas y la incluyó en su consejo privado. Antes de la batalla de Salamina, Jerjes reunió a sus capitanes para exponerles el plan de ataque. Todos los almirantes estuvieron de acuerdo en atacar a los griegos en **Salamina**, excepto Artemisa, que advirtió que el lugar de la batalla favorecía al enemigo, pero Jerjes no le hizo caso.

Cuando empezó el combate, Artemisa se vio rodeada de barcos griegos. Decidió salir de allí antes de ser capturada, pero un trirreme persa le cortaba el paso, así que lo embistió para pasar. Los griegos, al ver que destruía un barco enemigo, pensaron que era de los suyos y la dejaron pasar. El barco de Artemisa fue de los pocos que **escaparon** del desastre. Si Jerjes le hubiera hecho caso, la batalla podría haber tenido un final muy distinto.

Los remeros

Si la flota griega era superior a la persa no era por la calidad de los barcos, ya que los trirremes persas y los griegos eran idénticos. La diferencia estaba en los remeros: los de Grecia eran demasiado pobres para pagarse una armadura y luchar como hoplitas, pero eran hombres libres y peleaban para evitar que su ciudad fuese arrasada y que sus respectivas mujeres e hijos acabaran siendo esclavos de los persas. Por su parte, los remeros de la flota persa eran **esclavos**. Tanto si ganaban como si perdían, seguirían siéndolo, así que no remaban con demasiado entusiasmo. La mayoría provenía de los desiertos del interior de Persia y no sabían nadar, así que muchos se **ahogaron** cuando sus barcos se fueron a pique.

Tras la batalla, los atenienses fueron conscientes de la importancia que habían tenido los remeros y decidieron otorgarles los mismos privilegios que tenían los hoplitas. Así, el último obstáculo para participar en la democracia, es decir, el dinero, había sido eliminado para siempre.

Poco después de la derrota persa, el jefe de los demócratas, **Pericles** (495-429 a. C.), ganó las elecciones. Pericles intentó que todos los ciudadanos atenienses participaran en el gobierno. Fue él quien decidió pagar un **sueldo** a cambio de los servicios al Estado y que algunos cargos fuesen elegidos por sorteo entre todos los ciudadanos atenienses.

En aquella época, se había formado una alianza de ciudades griegas para defenderse de las agresiones de Persia. Se llamó **la Liga de Delos**. Todas las ciudades debían aportar barcos de guerra a una flota liderada por los atenienses, pero algunas ciudades prefirieron dar dinero en lugar de barcos. Pericles utilizó ese dinero para reconstruir la Acrópolis de Atenas, arrasada por los persas durante la guerra. Allí decidió erigir un espléndido templo que albergaría una enorme estatua de Atenea: el **Partenón**. Su construcción, que duró del 447 al 432 a. C., dio trabajo a los ciudadanos más pobres e hizo de Atenas la ciudad más magnífica de su época, convirtiéndola en un centro importante para el arte y la literatura.

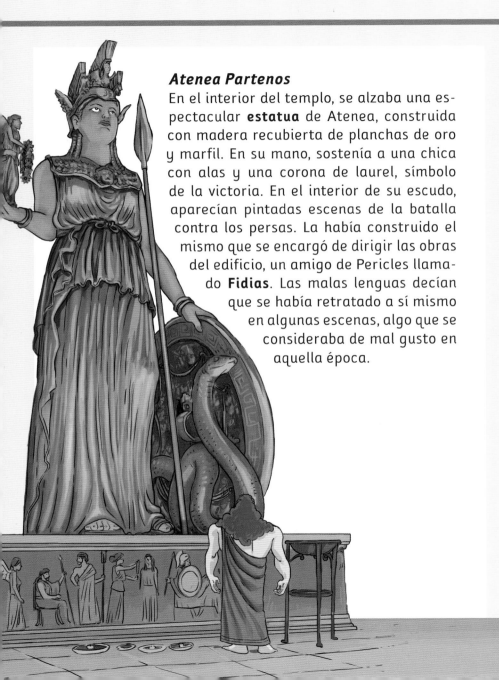

Atenea Partenos

En el interior del templo, se alzaba una espectacular **estatua** de Atenea, construida con madera recubierta de planchas de oro y marfil. En su mano, sostenía a una chica con alas y una corona de laurel, símbolo de la victoria. En el interior de su escudo, aparecían pintadas escenas de la batalla contra los persas. La había construido el mismo que se encargó de dirigir las obras del edificio, un amigo de Pericles llamado **Fidias**. Las malas lenguas decían que se había retratado a sí mismo en algunas escenas, algo que se consideraba de mal gusto en aquella época.

El taller de Fidias también fue responsable de los **relieves** que adornaban la fachada del edificio. Por estos trabajos, Fidias fue considerado el más grande escultor de la Antigüedad.

Fuera del templo, Fidias creó otra estatua enorme, esta vez de bronce, llamada *Atenea Lemnia*. Cuando los barcos llegaban a Atenas, lo primero que veían los marineros era el reflejo del sol en la punta de la lanza de Atenea.

Pericles tenía muchos **enemigos**: todos aquellos hombres ricos que durante años habían gobernado la ciudad. A su modo de ver, era culpa de Pericles que ahora los cargos más importantes fueran ocupados por ciudadanos cualesquiera y no por ellos. Sin embargo, atacar a Pericles era complicado porque era demasiado popular, así que fueron a por Fidias: lo acusaron de haberse quedado parte del **oro** que recubría la estatua de Atenea. Fue hallado culpable y enviado a prisión, donde murió en el año 432 a. C.

TAL VEZ NO SABÍAS QUE...
Tras crear la monumental *Atenea Partenos*, el consejo de Olimpia encargó a Fidias una escultura de Zeus. Realizada también en oro y marfil, la estatua fue considerada por los griegos como una de las siete maravillas del mundo antiguo.

LA ESCULTURA

Durante siglos, los griegos hicieron **estatuas** para honrar a los dioses y a personajes importantes. Estas esculturas eran parecidas a las que hacían otros pueblos, como por ejemplo los egipcios: los cuerpos aparecían **rígidos** e inexpresivos, siempre estaban de frente y tenían una sonrisa un poco forzada. Pero, en la época clásica, todo cambió de repente: en unos pocos años, los escultores griegos se esforzaron en la búsqueda de la perfección, el **realismo** y la belleza ideal.

Las estatuas griegas solían fabricarse en **bronce** y estaban pintadas con **colores** brillantes y realistas. Por desgracia, el bronce es muy caro; tiempo después, las estatuas fueron **fundidas** para aprovechar el metal y se perdieron para

VENGA, HOMBRE, **LÁNZALO** YA.

siempre. Solo han llegado hasta nosotros algunos pedazos que los saqueadores olvidaron o dejaron atrás.

Pero resulta que, cuando los **romanos** conquistaron Grecia, la escultura griega volvió a ponerse de moda. Todos los romanos con algo de dinero querían una estatua griega para decorar el jardín y encargaron copias de las más famosas, también a todo color, pero en un material más barato: el **mármol**. Los talleres romanos fabricaron cientos de copias, que quedaron repartidas por todo el Imperio. Cuando fueron invadidos por los bárbaros, las estatuas quedaron enterradas entre los escombros de las villas y los palacios. Con el tiempo, algunas fueron apareciendo aquí y allá. Tras siglos bajo tierra, habían **perdido todo el color**.

Los escultores de siglos posteriores que han intentado imitar el estilo griego lo han hecho con **mármol blanco** y han dejado las estatuas sin pintar.

Una de las típicas obras de la cultura griega eran los **templos** con tejados a dos aguas sostenidos por **columnas**. El templo era un lugar que servía para proteger la estatua del dios al que estaba dedicado. Solían construirse con piedra caliza y madera, y no acostumbraban a ser muy grandes porque las ceremonias y los rituales se realizaban en el exterior. Al igual que las estatuas, los templos griegos estaban pintados con **colores** vivos y decorados con **relieves** que también iban pintados.

Desde la Antigüedad, los griegos diferenciaban tres **órdenes**, es decir, tres maneras de construir los templos, que se basaban en las diferentes formas de sus columnas. El orden más antiguo era llamado **dórico**: era típico de Esparta y del Peloponeso en general, y se solía utilizar para dioses masculinos como Zeus o Poseidón. El estilo **jónico** era típico de la región de Atenas y Jonia, que es la parte de Asia Menor que está más cerca de Grecia. Lo reconoceréis fácilmente por las decoraciones en forma de caracol, llamada *volutas*. El tercer estilo cuenta con una leyenda propia. Cuentan que, un buen día, una chica olvidó un cesto cerca de una cantera de Corinto. Una planta de acanto creció alrededor del cesto, a los canteros les hizo gracia y empezaron a esculpir capiteles con esa forma. Así nació el estilo **corintio**, típico de la arquitectura del período helenístico y romano.

DÓRICO   **JÓNICO**   **CORINTIO**

El templo de Artemisa en Éfeso

El templo más grande que se construyó estaba en Éfeso, en la actual **Turquía**. Estaba dedicado a Artemisa, diosa de la caza y la fertilidad. El templo estaba construido en estilo **jónico** y con mármol blanco. Las bases de las columnas estaban decoradas con **relieves** pintados y en su interior podían contemplarse esculturas hechas por los mayores maestros de la Antigüedad. El templo era tan impresionante que los griegos de la época helenística lo consideraron una de las siete maravillas del mundo.

El 21 de julio del año 356 a. C., el mismo día en que nacía Alejandro Magno, un desquiciado prendió **fuego** al templo desde el interior. El incendio se propagó rápidamente y el templo fue pasto de las llamas. Cuando lo capturaron, el hombre dijo que lo había hecho para ser **famoso** y que todo el mundo conociese su nombre. Los efesios prohibieron que su nombre fuese recordado bajo pena de muerte, pero ha llegado hasta nosotros. Se llamaba **Eróstrato**.

El teatro griego surgió a partir de unos **poemas** interpretados por un actor durante unas fiestas en honor de **Dioniso**, el dios del vino y la diversión. El asunto fue evolucionando: se empezaron a incorporar actores, se les añadió un coro de cantantes y bailarines, y las historias se hicieron más complejas. Al principio, el teatro solo hablaba de temas **mitológicos**, pero pronto empezó a tratar temas de **actualidad**, como la guerra contra Persia.

Los actores utilizaban unas **máscaras** muy características y las obras tenían un acompañamiento musical. Para algunas escenas en las que aparecían los dioses, se utilizaba una máquina especial parecida a una **grúa** y el actor que interpretaba al dios parecía bajar del cielo para intervenir en la obra.

Al principio, los teatros se construían en **madera**, pero, tras un desastroso incendio en el teatro de Atenas, empezaron a elaborarse con **piedra**. El primer tetro permanente de Atenas lo mandó construir **Pisístrato**.

Se dividían en tres partes: estaba el **escenario**, una tarima elevada donde estaban los actores y que solía tener una decoración con columnas y fondos pintados; delante del escenario se encontraba una zona llamada **orquesta**, en la que bailaba y cantaba el coro en algunos momentos de la representación; los espectadores se sentaban en asientos dispuestos en un **semicírculo**, con un lugar de honor en las primeras filas, destinado a las personas importantes.

Algunos teatros estaban tan bien construidos que se siguen utilizando actualmente.

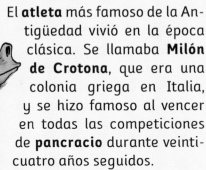

El **atleta** más famoso de la Antigüedad vivió en la época clásica. Se llamaba **Milón de Crotona**, que era una colonia griega en Italia, y se hizo famoso al vencer en todas las competiciones de **pancracio** durante veinticuatro años seguidos.

Cuando se presentó a su primer combate, no pasó las pruebas de clasificación y los otros luchadores se burlaron de él porque estaba muy delgado. Entonces fue cuando inventó lo que hoy llamamos **entrenamiento progresivo**: compró un **ternero** recién nacido y, todos los días, daba una vuelta alrededor de Crotona cargándolo sobre los hombros. A medida que pasaba el tiempo, Milón se iba haciendo más fuerte, pero también crecía el ternero, de modo que el peso que levantaba Milón era cada vez mayor.

Antes de su primer combate, cargó con el ternero alrededor del estadio de Olimpia, lo sacrificó, les ofreció la piel y los huesos a los dioses y se comió el resto. Ganó en muchas competiciones: los Juegos Olímpicos; los Juegos Píticos, que se celebraban en Delfos; los Juegos Ístmicos de Corinto, y los Juegos Nemeos. Se **retiró** de la lucha profesional con más de cuarenta años.

En aquella época, en Crotona vivía también un sabio muy famoso llamado **Pitágoras**. Un día que Pitágoras estaba dando clase de Matemáticas, el **techo** de la escuela se vino abajo. Milón, que se encontraba allí, sostuvo sobre los hombros el techo hasta que el maestro y todos sus discípulos pudieron ponerse a salvo. El atleta acabó casándose con **Myia**, la hija de Pitágoras.

Cerca de Crotona estaba la ciudad de **Síbaris**. Los **sibaritas** eran conocidos por su modo de vida lujoso y sofisticado. Se cuenta que había un hombre que dormía sobre pétalos de rosa, pero se quejaba de que su cama era incómoda porque uno de los pétalos estaba doblado. Por eso, hoy en día, se usa la palabra *sibarita* para referirse a alguien que ama los placeres caros y refinados, especialmente en cuanto a la comida.

Los sibaritas eran muy aficionados a los **desfiles**. Habían enseñado a sus caballos a marchar y a seguir el paso de la música. Cuando Crotona les declaró la guerra en el 510 a. C., Pitágoras ideó un plan genial para derrotar a los sibaritas usando a sus propios caballos. Junto con los soldados, Crotona trajo a un montón de músicos que empezaron a tocar. Los caballos de Síbaris creyeron que estaban en un desfile y, en lugar de cargar contra el enemigo, se pusieron a bailar. Así, los soldados sibaritas no pudieron ni defenderse.

La caballería de Síbaris había sido masacrada, pero aún les quedaba la infantería. **Milón de Crotona** apareció vestido como Heracles, con una maza y una piel de león. Al verlo, los soldados de Síbaris entraron en pánico y trataron de huir. Los sibaritas **perdieron** la guerra, sus habitantes fueron vendidos como esclavos y su ciudad fue completamente arrasada.

TAL VEZ NO SABÍAS QUE...

La destrucción de Síbaris fue excepcional, uno de los pocos casos en que una ciudad griega destruyó completamente a otra. Los de Crotona incluso desviaron el curso del río Cratis para que **inundase** el lugar donde había estado la ciudad.

Años después, algunos visitantes quisieron ver las ruinas, pero Síbaris había sido destruida con tanto empeño que ya nadie sabía dónde había estado la legendaria ciudad de cuyas fuentes, decían las leyendas, brotaba vino.

La curiosa muerte de Milón de Crotona

Milón ya era un hombre mayor cuando, paseando por un bosque, encontró un **árbol** al que unos leñadores habían puesto una cuña en una hendidura.

Milón quiso partir el árbol con las manos para demostrarse a sí mismo que seguía siendo tan fuerte como cuando era joven. Pero, en cuanto quitó la cuña, las dos partes del tronco se unieron y le **atraparon** las manos. Intentó liberarse durante varias horas, pero solo consiguió quedar agotado.

Al caer la noche, una manada de **lobos** apareció por el bosque buscando algo de comer. Cuando vieron a Milón indefenso, no se lo pensaron dos veces y lo devoraron allí mismo.

Corinto

Tras la segunda guerra médica, transcurrieron **cincuenta años de paz**, durante los cuales Atenas se convirtió en la ciudad más poderosa de Grecia. Con su flota y sus aliados de la Liga de Delos, Atenas podía controlar el comercio de esa zona del Mediterráneo. Pero, en la ciudad de **Corinto**, de la zona del Peloponeso, nadie se alegraba por los atenienses.

Antes de las guerras médicas, Corinto había sido la ciudad más rica, y su flota, la más poderosa. A medida que Atenas se hacía más grande, Corinto se hacía más pequeña. Al final, las dos ciudades entraron en guerra por el control de la isla de **Córcira**, hoy en día llamada Corfú. Pero los corintios eran aliados de **Esparta**, que declaró la guerra a Atenas.

Los muros largos

Todos sabían que Esparta tenía el mejor ejército de Grecia. Los espartanos eran unos psicópatas que preferían morir a rendirse y Pericles sabía que intentar derrotarlos en una batalla en campo abierto era un suicidio, así que se decantó por otra estrategia.

Poco antes, Atenas había terminado la construcción de los llamados **muros largos**. Se trataba de una extensión de las murallas de la ciudad, que se unían a las que protegían el puerto, con lo que se creaba un **pasillo** por el que se podían transportar provisiones del puerto a la ciudad con seguridad.

La idea era que, en cuanto llegaran los espartanos, todos los habitantes de la región se **refugiaran** dentro de los muros con sus provisiones y sus animales. Los espartanos, al no poder librar una batalla decisiva, acabarían por retirarse al cabo de unos días. Por su parte, los atenienses podían utilizar la flota para llevar suministros a la ciudad y también para atacar las ciudades costeras aliadas de Esparta.

El plan funcionó a la perfección y los espartanos, tras incendiar las granjas y los campos, se **retiraron** para llegar a tiempo a la cosecha.

La peste de Atenas

Pericles no tenía forma de saber que su estrategia, a pesar de lo ingeniosa que parecía, iba a suponer el **final** del dominio ateniense para siempre.

Al año siguiente, el 430 a. C., los barcos que transportaban trigo desde Egipto trajeron a Atenas la **peste**, una enfermedad infecciosa que se propagó fácilmente dentro de los muros de una Atenas superpoblada. La enfermedad mató a uno de cada tres atenienses, lo que debilitó su ejército y la armada. El propio Pericles y sus hijos murieron a causa de la enfermedad. Cuando los espartanos volvieron aquel verano y se enteraron de lo que pasaba, se retiraron de nuevo para no contagiarse.

La caída de Atenas

Poco después, Esparta y Atenas firmaron una **tregua** que detuvo la guerra durante un tiempo, pero no tardaron mucho en volver a las andadas. Atenas perdió un montón de hombres y barcos en una desastrosa expedición a Sicilia y, por su parte, los espartanos acabaron construyendo su propia flota.

En el mismo año 430 a. C., los barcos atenienses, atrapados por un **temporal**, se vieron obligados a refugiarse en una playa cerca de Esparta. Cuando los espartanos se dieron cuenta de que las naves atenienses estaban varadas e indefensas en la arena, atacaron a los marineros e incendiaron los barcos.

Sin una flota que trajera alimentos a la ciudad y que protegiera a sus aliados, Atenas se vio obligada a **rendirse**.

Los aliados de los espartanos querían arrasar Atenas y vender a sus habitantes como esclavos, pero los espartanos, recordando las victorias atenienses durante la guerra contra los persas, se negaron.

Sócrates (470-399 a. C.) fue uno de los personajes más interesantes que dio Atenas en este período. Hijo de un escultor, destacó enseguida por su **inteligencia**. Fue un soldado valiente durante los combates y participó en muchas de las batallas de la guerra del Peloponeso. Cuando su padre murió, Sócrates pudo vivir del dinero que le había dejado y se dedicó a dar clases. Se hizo famoso como **profesor** y mucha gente importante envió a sus hijos a estudiar con él.

Y es que las clases de Sócrates eran distintas a las de otros profesores. En lugar de hablar, Sócrates preguntaba y preguntaba, obligando a sus discípulos a pensar y a llegar a sus propias conclusiones. Este método retórico se llamó posteriormente **método socrático**.

Sócrates nunca puso nada por escrito, pero tenía un alumno que sí lo hizo. Se llamaba Aristocles y era luchador profesional, pero todos lo llamaban **Platón**, que significa 'el ancho', debido a sus anchas espaldas. Los textos de Platón muestran a Sócrates hablando con amigos y discípulos sobre temas como la ley, la justicia, el amor o la amistad.

TAL VEZ NO SABÍAS QUE...

Sócrates estaba casado con una mujer llamada **Jantipa**. De ella se decía que era tan **ingeniosa** como su marido, pero los discípulos de Sócrates la describían como una mujer mandona y con muy mal carácter.

Se dice que una vez, tras una terrible discusión, Jantipa le tiró a su marido un orinal en la cabeza. Cubierto de pis, Sócrates dijo: «Es normal que tras los truenos llegue la lluvia».

La muerte de Sócrates

Los espartanos dejaron Atenas al cargo de una serie de gobernantes corruptos que serían conocidos como **los Treinta Tiranos**. Los atenienses no tardaron mucho tiempo en rebelarse y, tras expulsarlos, restauraron la democracia.

Cuando cayeron en la cuenta de que algunos de estos odiados tiranos habían sido alumnos de Sócrates, lo llevaron a los **tribunales**, acusado de ofender a los dioses y de enseñar ideas antidemocráticas. En lugar de pedir perdón, se encaró con los jueces y no dejó de usar el método socrático mientras lo acusaban. Los jueces se enfadaron y lo condenaron a muerte, aunque en realidad lo que querían era que se **marchase** de la ciudad, por lo que lo encerraron en una celda de la que podía escapar fácilmente. Pero era viejo y estaba cansado, así que decidió dar ejemplo de obediencia a las leyes. Conversó con sus amigos y discípulos toda la noche y, al amanecer, cumplió la sentencia y se bebió el **veneno** que lo mató.

LA HORA DE TEBAS:
EPAMINONDAS

Tras la derrota de Atenas, Esparta pasó a ser la **potencia dominante** en Grecia. Muchas ciudades tuvieron que aceptar gobernantes espartanos, que eran unos auténticos ladrones. Las democracias que habían triunfado, apoyadas por los atenienses, fueron sustituidas por **oligarquías**. Con este panorama, muchas ciudades se rebelaron contra Esparta.

En el 371 a. C., los espartanos pensaron en darle una lección a la importante ciudad de **Tebas**, para que sirviera de ejemplo a las demás. Confiando en su fama de invencibles, atacaron a las fuerzas tebanas, lideradas por un brillante general llamado **Epaminondas** (418-362 a. C.). La batalla tendría lugar en los campos que había junto a la ciudad de **Leuctra**.

Epaminondas trazó un plan para compensar la superioridad de los espartanos. Consistía en **concentrar** a sus mejores tropas en un lugar concreto, aun a riesgo de debilitar otros puntos de su formación. El plan funcionó, la falange espartana se rompió y muchos soldados murieron, incluido el rey espartano **Cleómbroto I**. Era la primera vez que los espartanos eran derrotados en campo abierto. Con su prestigio por los suelos, Esparta perdió para siempre el control de Grecia. Arruinados por las guerras continuas, los espartanos empezaron a abandonar el Peloponeso para buscar trabajo como mercenarios en otras zonas.

Esparta trató de derrotar a los tebanos una vez más en el 362 a. C., en la **batalla de Mantinea**. De nuevo, las tácticas de Epaminondas supusieron la derrota de Esparta. Pero, antes de ser

derrotados, los espartanos dieron la orden de matar a Epaminondas. Una lanza acabó con el brillante general tebano y, con él, se acabaron las victorias de Tebas. Las ciudades griegas volverían a enfrentarse unas con otras, sin darse cuenta de que un nuevo enemigo acechaba desde el norte: había llegado la hora de **Macedonia** y Filipo.

LA HORA DE MACEDONIA: FILIPO

Filipo II (382-336 a. C.) era heredero del reino de **Macedonia**, una región al norte de Grecia que muchos griegos consideraban una zona de bárbaros y salvajes. Cuando era muy joven, fue enviado a Tebas, donde recibió instrucción militar de manos del mismísimo Epaminondas.

Al volver a Macedonia y hacerse con el poder, comenzó a reorganizar el ejército. Hizo de sus súbditos **soldados profesionales**: al cobrar un sueldo, ya no dependían de sus cosechas y no necesitaban volver a casa al final del verano. El rey les proporcionaba cascos, armaduras y una enorme lanza de seis metros de largo llamada **sarisa**. Además de este cuerpo principal de hoplitas, su ejército contaba con una **caballería** muy eficaz y un cuerpo de **infantería** ligera para los asedios. Filipo empezó a poner en marcha su plan, que no era otro que la **conquista** total de Grecia.

SI QUIERES ALGO BIEN HECHO, HAZLO *TÚ* MISMO.

TAL VEZ NO SABÍAS QUE...
Durante el asedio de la ciudad de Metone, una **flecha** se clavó en el ojo de Filipo.

Los médicos la sacaron, pero la herida se infectó. Lo único que podían hacer era vaciar por completo la cuenca del **ojo**, pero Filipo era conocido por su mal genio, así que que ningún médico se atrevió a sacárselo.

Filipo cogió una **cuchara** de postre y se sacó el ojo él mismo. Desde entonces, sería conocido como **Filipo el Tuerto**.

Macedonia empezó a conquistar ciudades griegas, una tras otra, aprovechando que todas estaban peleando entre sí. Pero llegó un momento en que los griegos se dieron cuenta de lo que pasaba. Organizaron un ejército gigantesco, con tropas de Atenas y Tebas, y se enfrentaron a Filipo en el 338 a. C., en la **batalla de Queronea**.

Los soldados macedonios, dirigidos por Filipo, derrotaron a los hoplitas griegos mientras su caballería, comandada por su hijo **Alejandro**, derrotaba a la del enemigo.

Tras conquistar Grecia, Filipo pensó en usar su formidable ejército para atacar el Imperio persa. Mientras ultimaba los planes de invasión, asistió a una ceremonia religiosa en un teatro lleno de gente. Allí, delante de todos, uno de sus guardaespaldas sacó su espada y lo mató. El asesino murió mientras intentaba escapar y nunca se supo quién estaba detrás del atentado.

Uno de los diversos rumores era que había sido cosa de la mujer de Filipo y madre de Alejandro, la reina **Olimpia**. Hacía poco que Filipo se había separado de ella para casarse con una mujer más joven. Olimpia era orgullosa y no llevaba muy bien la nueva situación. La muerte de Filipo fue una buena noticia para su hijo **Alejandro**, porque lo proclamaron rey en ese mismo momento.

Alejandro III de Macedonia (356-323 a. C.), apodado Alejandro Magno, que significa 'el Grande', fue un personaje fascinante, inteligente y con una ilimitada confianza en sí mismo. Era el hijo mayor de Filipo y Olimpia. Se crio rodeado de otros chicos macedonios de clase alta que acabaron siendo sus generales, y todos tuvieron como maestro al famoso filósofo **Aristóteles**.

Cuentan que, cuando tenía diez años, fue capaz de domar un caballo llamado **Bucéfalo** al que todos consideraban indomable. Alejandro se dio cuenta de que el caballo tenía miedo de su sombra y lo encaró al sol para que no pudiera verla. Su padre le dijo que tendría que buscarse otro reino, porque Macedonia era demasiado pequeña para él. Con los años, Alejandro se convirtió en un buen jinete y oficial, pero también fue un adolescente rebelde, y Filipo lo echó de casa varias veces.

A los **veinte** años, fue proclamado rey tras el asesinato de su padre. Cuando los **tebanos** se enteraron de la muerte de Filipo, decidieron rebelarse, pero el ejército macedonio era una eficaz máquina de guerra y no tuvieron ninguna oportunidad. Alejandro los derrotó, destruyó Tebas y vendió a los supervivientes como esclavos. Decidió continuar con los planes de su padre y desembarcó en Persia a la cabeza de su ejército, una tropa de soldados veteranos que habían conquistado Grecia y que estaban a punto de **conquistar el mundo**.

La conquista de Asia

Alejandro derrotó a los persas en un par de batallas y conquistó varias **ciudades costeras** para contar con puertos para el transporte de tropas y suministros. Fue conquistando los diferentes reinos del Imperio persa hasta que llegó a Egipto, donde fue proclamado **faraón**. Allí, en el 331 a. C., mandó construir una ciudad con su nombre, **Alejandría**, destinada a ser una de las más importantes del mundo antiguo.

El rey persa, **Darío**, veía su imperio rápidamente conquistado, así que decidió jugárselo todo en una única batalla, en la que él mismo lideraría a su ejército. Para ello escogió una amplia llanura cerca de un pueblo llamado **Gaugamela**.

Darío pensaba arrollar a los macedonios usando **carros** equipados con espadas a los lados. Pero los veteranos de Alejandro ya esperaban algo así. En el combate, dejaron pasillos y mataron a los conductores a medida que iban pasando. Alejandro concentró sus fuerzas para atacar directamente al rey. Una carga de caballería apoyada por infantería pesada se fue abriendo paso entre las tropas de élite que lo protegían. Cuando Darío vio a Alejandro avanzando hacia él, abandonó el campo de batalla en su carro, seguido por su guardia personal. En cuanto los demás persas se dieron cuenta de que el rey había huido, se **rindieron** en masa.

Alejandro en la India

Alejando persiguió a Darío a través de Asia, incorporando los diferentes reinos del Imperio persa al suyo. Cuando los hombres de confianza de Darío vieron que todo estaba perdido, **asesinaron** a su rey y se dieron a la fuga. Pero Alejandro no solo quería conquistar el mundo, sino también **unirlo**, así que incorporó a los persas a su ejército, en lugar de esclavizarlos o destruir sus ciudades.

En su avance hacia el este, en el 326 a. C. penetró en la India. Fue conquistando ciudades y reinos pequeños hasta que llegó a Pakistán y se topó con el ejército del rey **Poros**, que no era como otros reyes a los que se había enfrentado. Poros dirigió personalmente una carga de **cincuenta elefantes de guerra**. Los macedonios nunca habían visto un elefante y muchos murieron aplastados al intentar huir. Alejandro estuvo a punto de ser derrotado por primera vez, pero sus veteranos resistieron. Evitaron las flechas y se abrieron paso hasta la retaguardia de los indios para rodearlos por la espalda. El caballo de Alejandro, Bucéfalo, murió atravesado por una lanza india. Alejandro ordenó la construcción de una ciudad en el lugar donde había caído: **Bucefalia**.

Tras esta batalla, Alejandro llegó con sus tropas a las orillas del río **Ganges**, uno de los más grandes del mundo. Los soldados macedonios vieron cómo, en la otra orilla del río, se reunía un enorme ejército indio, mucho más grande que el de Poros, con miles de elefantes. Los soldados le dijeron a Alejandro que no pensaban cruzar el río y pidieron regresar a casa. No le quedó más remedio que volver a Persia, pero lo hizo por un camino diferente al que habían recorrido, atravesando uno de los lugares más cálidos y secos del planeta: el **desierto de Gedrosia**. Allí murieron de sed tantos soldados que muchos pensaron que era un castigo por no haber querido seguir a Alejandro hasta el fin del mundo.

Alejandro se estableció en **Babilonia**. Empezó a hacer planes para unificar sus enormes dominios: carreteras que unieran África y Europa, ciudades con poblaciones europeas y asiáticas, enormes flotas que conquistarían el Mediterráneo; pero ninguno de estos planes llegaría a cumplirse jamás. Alejandro moriría misteriosamente a los treinta y dos años, dejando tras de sí una vida de leyenda.

Los diádocos

Los hombres más cercanos a Alejandro eran sus **generales**, que no compartían su visión de un mundo unido. Solo querían mandar, y él los molestaba, así que es bastante probable que fueran ellos quienes **envenenaran** al mismísimo Alejandro y a su mejor amigo, el general Hefestión.

A estos generales se los llamó los **diádocos**, que significa 'sucesores' en griego. Se enfrentaron en una serie de guerras que duraron un montón de años. De todos ellos, los tres más exitosos fueron **Seleuco**, que se quedó con Asia; **Antígono**, que se quedó con Grecia y Macedonia; y **Ptolomeo**, antepasado de la famosa Cleopatra, que se quedó con Egipto y fundó la llamada dinastía ptolemaica.

La cuestión es que, en el momento de su muerte, en el año 323 a. C., Alejandro había creado un enorme imperio y había llevado la **cultura griega** más lejos que nadie antes que él.

Para unos fue un conquistador, para otros un tirano, pero sus hazañas y sus viajes hicieron de él una figura legendaria y empezó a ser conocido como Alejandro Magno, 'el Grande'.

EL PERÍODO HELENÍSTICO

Siglos IV-I a. C.

El **helenismo** es el período de la historia griega que va desde la muerte de Alejandro Magno hasta el suicidio de Cleopatra. Las ciudades griegas que habían dominado el período clásico, como Atenas o Esparta, dejaron de ser importantes. Sobre las ruinas del desaparecido Imperio persa, surgirían reinos y ciudades más grandes que las de la Grecia clásica. Allí, los escritores, artistas y científicos tendrían acceso a **recursos** y riquezas hasta entonces impensables. **Bibliotecas** legendarias, **estatuas** gigantes y avances **científicos** increíbles marcan este período. Pero a los griegos siempre les gustó mucho lo de matarse entre sí, y este período no fue diferente en ese aspecto. Las continuas guerras entre ellos debilitaron mucho a los reinos helenísticos, y a los **romanos** les fue fácil conquistarlos uno a uno.

Ptolomeo (367-283 a. C.) era hijo de un noble macedonio y se crio en el palacio de Pella junto con Alejandro Magno y otros de sus generales. Acompañó a Alejandro en todas sus campañas y fue nombrado almirante de la armada macedonia. Tras la muerte de su líder, Ptolomeo recibió el cargo de **gobernador de Egipto**.

Durante las guerras de los diádocos, expandió su poder por varias islas del Mediterráneo. Al terminar el conflicto, se proclamó **faraón** y gobernó Egipto desde **Alejandría**, una ciudad fundada por Alejandro a orillas del Mediterráneo y que acabaría por sustituir a Atenas como la **capital cultural** del mundo griego.

Ptolomeo convirtió Alejandría en el puerto más importante del Mediterráneo. Con todo el dinero que llegaba a la ciudad, pudo financiar algunos **proyectos** muy emblemáticos. Los descendientes de Ptolomeo, la **dinastía ptolemaica**, gobernaron Egipto durante los siguientes trescientos años.

El Faro de Alejandría

Justo delante del puerto, había una pequeño islote rocoso llamado **Faros**. Allí, Ptolomeo ordenó la construcción de una enorme torre y, en la parte más alta, hizo que instalaran unos **espejos** que reflejaban la luz del sol durante el día y la de una enorme hoguera por la noche.

La luz del faro guiaba a los **barcos** de forma segura hasta la entrada del puerto. Era una idea tan ingeniosa que pronto empezaron a aparecer faros por todo el Mediterráneo. Los griegos de épocas posteriores consideraron el Faro de Alejandría como una de las **siete maravillas del mundo antiguo**.

LA BIBLIOTECA
DE ALEJANDRÍA

Ptolomeo fue también el promotor del **Museo de Alejandría**, una especie de universidad dedicada a las **musas**, las diosas del arte y la literatura, de las que surge la palabra *museo*.

En el museo había templos, jardines y laboratorios, además de habitaciones y un lujoso comedor comunal. La idea era que los mejores poetas, escritores y científicos de la Antigüedad vivieran y trabajaran juntos para difundir la **cultura y ciencia** griegas por todo el mundo.

Hasta Alejandría viajaron, pagados por los faraones, los hombres más sabios del mundo griego, lo que dio lugar a asombrosos descubrimientos científicos y a grandes logros literarios. El museo contaba con todo tipo de instalaciones, desde zoológicos a observatorios astronómicos, pero la más famosa de sus dependencias fue sin duda la biblioteca.

La Biblioteca de Alejandría

Se dice que, cuando un barco llegaba al puerto de Alejandría, era registrado meticulosamente por funcionarios que buscaban **papiros**. Cuando encontraban uno, lo llevaban a la biblioteca, donde se hacía una copia que luego devolvían a su dueño. El original se quedaba en la biblioteca, que llegó a tener **medio millón** de papiros.

La biblioteca recibió grandes sumas de dinero para realizar copias de las obras más relevantes del pensamiento griego. Las obras estaban **clasificadas** por temas y autores, y disponibles para quien quisiera consultarlas. El mundo tendría que esperar hasta la invención de la imprenta para volver a ver tantos libros juntos en un solo lugar.

En el año 305 a. C., **Antígono** (382-301 a. C.), otro de los antiguos generales de Alejandro, envió a su hijo **Demetrio** a atacar la isla de **Rodas**, aliada de Ptolomeo.

Demetrio utilizó enormes torres de asalto y otras ingeniosas máquinas para intentar conquistar la ciudad, pero los rodios **inundaron** el terreno por el que avanzaban las torres y estas se hundieron en el barro. Poco después, la armada de Ptolomeo acudió en ayuda de sus aliados y Demetrio tuvo que largarse a toda prisa, dejando atrás armas y maquinaria. En agradecimiento por haberlos salvado en el último momento, los rodios otorgaron a Ptolomeo el título de **Sóter**, 'salvador'.

El coloso de Rodas

Agradecidos por la victoria, los rodios decidieron levantar en el 280 a. C. una enorme escultura de bronce dedicada a **Apolo**, el dios protector de la ciudad. Vendieron las armas abandonadas por Demetrio y utilizaron las torres como andamios para construir la estatua más grande del mundo. El coloso tenía unos cuarenta metros de altura, más o menos como la Estatua de la Libertad, y fue considerado otra de las **siete maravillas**. El escultor que la construyó no calculó bien el presupuesto y acabó arruinado. Desesperado por no poder pagar sus deudas, se suicidó.

La estatua no estuvo en pie demasiado tiempo. Cincuenta y cuatro años después de su construcción, en el 226 a. C., un **terremoto** la derribó y los rodios pensaron que había sido voluntad de los dioses, por lo que no la reconstruyeron.

El coloso quedó tirado a la entrada del puerto, como testimonio de la grandeza de los antiguos, durante ochocientos años. En el 653 d. C., la isla fue conquistada por los **musulmanes** y el bronce fue vendido a un mercader, que necesitó **novecientos camellos** para transportarlo.

EL FIN DE LA ÉPOCA HELENÍSTICA

Tras haber dominado Grecia durante trescientos años, el Imperio macedonio también llegó a su fin. Una nueva potencia militar, **Roma**, se abría paso a través del Mediterráneo. Roma se enfrentó a las ciudades griegas que había en Italia y las derrotó completamente.

Después de conquistar Italia, los romanos atacaron a los macedonios y libraron contra ellos varias guerras, en las que las legiones romanas se enfrentaron a las falanges macedonias. En la **batalla de Pidna**, en el 168 a. C., los macedonios rompieron la formación para perseguir a los legionarios que se retiraban y abrieron demasiado las filas. Los romanos se dieron la vuelta y penetraron en los huecos de la falange. Fue una derrota absoluta. Para el año 146 a. C., Grecia y Macedonia ya se habían convertido en **provincias romanas**.

MI RELACIÓN CON MARCO ANTONIO NO ERA *TÓXICA* PARA NADA.

QUÉ VA, SOLO HIZO *CAER* UN IMPERIO...

Cleopatra, la última ptolemaica

En el año 48 a. C., **Julio César** desembarcó en Egipto, donde los dos hijos del rey, **Cleopatra VII** (69-30 a. C.) y Ptolomeo XIII, estaban librando una guerra civil. César tenía que poner paz entre los dos, pero se dice que Cleopatra se coló por la noche en su palacio escondida en una cesta de ropa y los dos se convirtieron en amantes.

Cuando Julio César fue asesinado, su general **Marco Antonio** se casó con Cleopatra, pero el sobrino de César, Augusto, los derrotó a ambos el año 31 a. C. en la **batalla de Accio**. Egipto se convirtió en una provincia romana y Cleopatra, la última descendiente de Ptolomeo, se suicidó unos meses más tarde. El mundo helenístico había terminado y empezó un período de la historia griega marcado por la dominación romana.

La conquista romana no detuvo la **cultura griega**. Los generales victoriosos llevaron a Roma cuadros, estatuas y jarrones griegos, que tuvieron mucho éxito. De hecho, tras la conquista, la cultura griega se puso de moda entre los romanos de clase alta, que encargaban copias de libros, estatuas y cuadros griegos, para decorar sus villas. Se pagaban grandes sumas en los mercados por los esclavos griegos, muy cotizados como profesores. Todos los romanos cultos hablaban y leían correctamente tanto el griego como el latín.

El poeta romano **Horacio** escribió: «Graecia capta ferum victorem cepit», o sea, «La Grecia conquistada conquistó a su fiero conquistador».

Pero todo ese amor por la cultura griega se transformó en odio con la llegada al poder de los **cristianos**. Hay que tener en cuenta que la cultura griega se articulaba a través de su **religión politeísta**: las esculturas representaban a dioses olímpicos, las competiciones deportivas eran algo sagrado y, en el teatro, los dioses solían aparecer en escena para ayudar a los protagonistas. Incluso la ciencia y la filosofía estaban rodeadas de un inconfundible aroma **pagano**.

Como consecuencia, los obispos declararon la **guerra a la cultura** que sustentaba aquella religión. Derribaron templos y estatuas, mutilaron relieves, arrancaron frescos y mosaicos, quemaron bibliotecas, talaron arboledas sagradas y rasparon pergaminos con textos clásicos para escribir oraciones.

El fanatismo religioso de los cristianos no se limitó al arte y la ciencia.

El caso de **Hipatia de Alejandría** sirve como ejemplo de lo que ocurrió a lo largo de todo el Imperio romano. Hipatia era una matemática muy famosa. Escribió libros sobre cálculo, geometría y astronomía, y dio clases en el museo. Entre sus alumnos había influyentes miembros de la administración romana, algunos de los cuales eran cristianos, que la admiraban y la respetaban un montón, pero nada de eso sirvió para salvarla.

En el año 415, una masa de fanáticos, posiblemente siguiendo órdenes del **obispo Cirilo de Alejandría**, atacaron a Hipatia y la sacaron a rastras del carruaje donde viajaba. Hipatia fue torturada y asesinada públicamente. Cirilo es considerado santo por las Iglesias católica, ortodoxa, copta y luterana.

La destrucción de la Biblioteca de Alejandría

Una turba cristiana atacó el Museo de Alejandría y **prendió fuego a la biblioteca**.

Todo aquel saber científico y literario se convirtió en ceniza y se perdió para siempre. Alejandría dejó de ser el centro del conocimiento y la ciencia griega llegó a su fin.

Uno a uno, los símbolos de la cultura griega fueron desapareciendo, destruidos por la intolerancia cristiana. Los **Juegos Olímpicos** se celebraron por última vez en el año 393. Después, un edicto del emperador romano **Teodosio** los prohibió, tras doce siglos de existencia. Quitaron la gran estatua de Zeus, que Fidias había esculpido ocho siglos antes, y un incendio la destruyó en el año 476.

El último golpe se dio en el año 529, cuando el emperador Justiniano cerró la **Academia de Atenas**, fundada por Platón nueve siglos atrás. Los maestros de filosofía tuvieron que marcharse a Persia y el último rastro de la vida griega precristiana fue borrado para siempre jamás.

Los antiguos griegos crearon la civilización más **fascinante e influyente** de la historia universal. Para atacar a sus dioses y a la cultura clásica que representaban, los cristianos acabaron destruyendo mucho más que obras de arte.

Tras el triunfo del cristianismo, Europa quedó sumida en una **edad oscura** de fanatismo religioso y superstición. Los avances científicos fueron olvidados; la **medicina** griega, la más avanzada del mundo en aquel momento, fue prohibida, y las mujeres que la conocían fueron llamadas brujas y asesinadas.

Cristianos y musulmanes se afanaron en **borrar** cualquier vestigio de la civilización griega. Los templos que habían quedado en pie fueron demolidos y saqueados, las esculturas y los relieves de mármol se destruyeron para fabricar cal, y las estatuas de bronce se fundieron para aprovechar el metal.

Con el paso del tiempo, solo unas pocas **ruinas** quedaron como testimonio de la cultura más interesante de la Antigüedad. De hecho, cuando Europa volvió a descubrir el legado de la civilización clásica, se acabó la Edad Media y empezó el **Renacimiento**.

Unos siglos más tarde, los europeos redescubrieron el **método científico**, lo que les permitió desarrollar la tecnología con la que conquistaron el mundo. Ese método había nacido en una pequeña ciudad jonia llamada Mileto, de la mano de **Tales**, uno de los mayores genios de la Antigüedad.

Y es que los griegos eran gente interesante y curiosa, amante de la belleza y el placer, pero también del conocimiento y de las cosas bien hechas. Tenían sus defectos, claro: lo de la esclavitud no estaba bien, se mire como se mire. Pero la idea de que los ciudadanos tengan derecho a decidir su destino y que no deban doblegarse ante ningún rey, tirano o sacerdote nació y se desarrolló en ese pequeño lugar llamado **Grecia**.

Y por eso debemos estarles agradecidos.

Historia ilustrada para niños y jóvenes

ROMA
LOS VIKINGOS
LA ANTIGUA GRECIA

Próximamente

LOS INCAS
EL ANTIGUO EGIPTO

A VER, EN ESTA CASA SOMOS GENTE CIVILIZADA Y, CUANDO BEBEMOS DEL CRÁNEO DE NUESTRO ENEMIGO, USAMOS POSAVASOS.

Los Exploradores del TIEMPO

LAS LEGIONES DE ROMA
LAS EXPEDICIONES DE LOS VIKINGOS
LAS OLIMPIADAS DE GRECIA

Próximamente

EL ORO DE LOS INCAS

HISTORIA ILUSTRADA - LA ANTIGUA GRECIA
Primera edición: febrero de 2024

© Texto e ilustraciones: Miguel Ángel Saura, 2024
© Editorial el Pirata, 2024
Sabadell (Barcelona)
info@editorialelpirata.com
www.editorialelpirata.com

Todos los derechos reservados.
ISBN: 978-84-19898-10-4
Depósito legal: B 18504-2023
Impreso en China.

Con el apoyo de